rowohlts
monographien

HERAUSGEGEBEN

VON

KURT KUSENBERG

JESUS

IN
SELBSTZEUGNISSEN
UND
BILDDOKUMENTEN

DARGESTELLT
VON
DAVID FLUSSER

ROWOHLT

Dieser Band wurde eigens für «rowohlts monographien» geschrieben
Den Anhang besorgte der Autor
Herausgeber: Kurt Kusenberg. Redaktion: Beate Möhring
Umschlagentwurf: Werner Rebhuhn
Vorderseite: Christus vor Pilatus. Radierung von Rembrandt, 1636 (Ausschnitt)
Rückseite: «Der Geist des Herrn ist über mir, darum daß mich der Herr gesalbt hat» (Buch Jesaja 61,1).
(Aus: The Dead Sea Rolls of St. Mark's Monastery. Volume I, The Jesaja Manuscript and the Habakkuk Commentary. Ed. Miller Burraus. Published by the American Schools of Oriental Research. New Haven, 1950. Plate XLIX [Js. I. IX. – 17 – I. XI. 4])

1.–15. Tausend	Mai 1968
16.–25. Tausend	Dezember 1968
26.–30. Tausend	Mai 1971
31.–35. Tausend	September 1972
36.–38. Tausend	März 1974

Veröffentlicht im Rowohlt Taschenbuch Verlag GmbH, Reinbek bei Hamburg, Mai 1968

Gesetzt aus der Linotype-Aldus-Buchschrift und der Palatino (D. Stempel AG)
Gesamtherstellung Clausen & Bosse, Leck/Schleswig
Printed in Germany
ISBN 3 499 50140 6

INHALT

Der Pilatusstein, 1961 in Caesarea gefunden. Die einzige Inschrift, in der Pilatus erwähnt wird. Er heißt dort: PON]TIUS PILATUS [PRAE]FECTUS IUDAE[AE]. *Durch diesen Fund wird bestätigt, daß Pilatus nicht Prokurator war.*

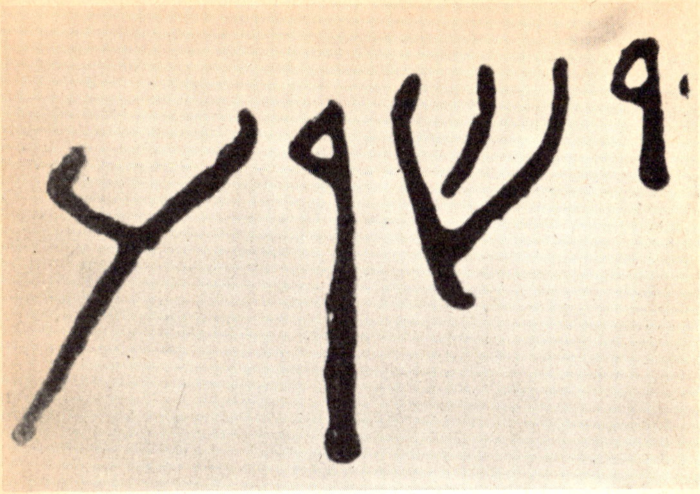

So wurde zur Zeit Jesu der Name Jesus hebräisch geschrieben

DIE QUELLEN

Dieses Buch wurde vor allem verfaßt, um zu zeigen, daß es möglich ist, eine Lebensgeschichte Jesu zu schreiben. Gewiß, wir besitzen mehr Nachrichten über die zeitgenössischen Kaiser und über einige römische Dichter, aber neben dem jüdischen Historiker Josephus Flavius und vielleicht Paulus ist Jesus der nachalttestamentliche Jude, über dessen Leben und Ansichten wir am meisten unterrichtet sind.

Eine jede Biographie hat ihre eigenen Schwierigkeiten. Über das Leben Jesu können wir kaum etwas aus nichtchristlichen Quellen wissen. Er teilt dieses Schicksal mit Moses, Buddha und Mohammed, bei denen ebenfalls zeitgenössische Nachrichten von Außenstehenden fehlen. Deshalb sind die einzigen wichtigen christlichen Quellen über Jesus die vier Evangelien, Matthäus, Markus, Lukas und Johannes. Aus dem übrigen Neuen Testament erfahren wir über ihn fast nichts, und das vierte Evangelium wird mit Recht nicht als eine verläßliche Quelle angesehen. Die ersten drei Evangelien beruhen hauptsächlich auf gemeinsamem historischem Material; man kann sie also in drei Spalten drucken. Solch ein Buch nennt man eine Synopse, und die drei ersten Evangelien werden auch synoptische Evangelien genannt. Ist also das Fehlen von nichtchristlichen Quellen eine unüberwindliche Schwierigkeit für unser Wissen über das Leben Jesu?

Bei einem religiösen Genie, das in einer Umgebung gelebt hat, in der eine genaue Dokumentation über seine Entwicklung und Lebensumstände möglich ist, entsteht die Versuchung, die psychologischen Hintergründe aufzudecken, die zu diesem religiösen Phänomen geführt haben. Daß solche psychologischen Studien oft nicht befriedigen können, ist aus der Tatsache zu verstehen, daß der Geist weht, wohin er will. Dies gilt besonders für solche Persönlichkeiten, die selbst vom Geiste ergriffen worden sind. Wer würde es zum Beispiel wagen, das Geheimnis einer Gestalt wie des heiligen Franziskus psychologisch zu deuten? Das Unvermögen, eine Psychologie Jesu vorzulegen, ohne daß der Leser unter einem störenden Mißklang leiden würde, ist also nicht so sehr in der Art der Quellen begründet, wie in der Natur Jesu selbst.

Denn so pflegt es zu sein: auch wenn die äußere Dokumentation sehr reichlich fließt, sind die genuinsten Quellen über einen Charismatiker seine eigenen Aussagen und die Berichte der Gläubigen – natürlich nur, wenn sie kritisch gelesen werden. Die Zeugnisse der Außenstehenden dienen dann als wichtige Kontrolle. Wir wollen zwei Beispiele aus der Neuzeit nennen. Das entscheidende, was wir über Joseph Smith (1805–44) erfahren, den Begründer der Mormonen, lernen wir noch immer von ihm selbst und aus den mormonischen Quellen. Um noch ein Beispiel zu nennen: vom 18. März bis zum 14. September 1921 wirkte im belgischen Kongo ein afrikanischer Wunderheiler namens Simon Kimbangu; er starb 1950 in der Verbannung. Seine Anhänger glauben – in Nachahmung des Christentums –, er sei der Sohn Gottes, aber nach den Quellen ist nicht klar, was er selbst über sich dachte. Eine eindeutige Antwort über sein Selbstverständnis ist wegen seiner kurzen öffentlichen Tätigkeit unmöglich, und Zeugnisse der belgischen Behörden im Kongo würden uns genauso wenig helfen wie im Falle Jesu Urkunden aus dem Archiv des Landpflegers Pilatus oder aus der Kanzlei des Hohepriesters.

Die urchristlichen Berichte über Jesus sind nicht so unglaubwürdig, wie man heute vielfach annimmt. Nicht nur, daß in den ersten drei Evangelien Jesus als ein Jude seiner Zeit ziemlich treu geschildert ist: sogar seine Art, über den Heiland in dritter Person zu sprechen, ist dort noch überall bewahrt. Wenn man die drei Evangelien unbefangen liest, wird man gewahr, daß sie im ganzen nicht so sehr einen Erlöser der Menschheit schildern, sondern einen jüdischen Wundertäter und Prediger. Dieses Bild wird fast sicher dem historischen Jesus nicht ganz gerecht. Es liegt auf der Hand, daß ein solches Bild nicht erst durch das Erlebnis der Auferstehung von der nachösterlichen Gemeinde geformt werden konnte. Eine Kette von Wunderlegenden und Predigten kann gewiß nicht als eine «kerygmatische»

Der Evangelist Markus. Handschrift aus Trier, um 800

Verkündigung des Glaubens auf den erhöhten Herrn gedeutet werden, wie es heute die meisten Forscher und Theologen tun. Ein Evangelium, das eine nachösterliche Christologie lehren will, ist nur das Evangelium Johannis, und darum ist es historisch weniger wertvoll als die ersten drei synoptischen Evangelien.

Der in diesen Evangelien geschilderte Jesus ist also der historische Jesus und nicht der «kerygmatische Christus». Wie kann man dies erklären? Allgemein nimmt man mit Recht an, daß der Hauptstoff der synoptischen Evangelien aus zwei Quellen stammt: aus einem alten Bericht über das Leben Jesu, den man in Markus wiederfindet, und aus der Spruchquelle, einer Sammlung der Sprüche Jesu, die sowohl Matthäus als auch Lukas neben dem alten Bericht gekannt und verwendet haben. Diese zwei Hauptquellen sind in der urchristlichen Jerusalemer Gemeinde entstanden und wurden ins Griechische übersetzt. In ihnen hat sich das Bild Jesu erhalten, wie es die Jünger, die Jesus gekannt hatten, gesehen haben. Daneben gab es noch teilweise sekundäre judenchristliche Gemeindebildungen, die aus dem Gespräch – und dem späteren Zusammenstoß – zwischen den palästinensischen, und vielleicht syrischen, Gemeinden und der nichtchristlichen Judenschaft entstanden sind; dieser Stoff fand anscheinend seinen Niederschlag hauptsächlich im Matthäus-Evangelium.

Für das Judenchristentum war, auch in den späteren Jahrhunderten, als es von der Großkirche als häretisch angesehen wurde, der Wundertäter, Lehrer und Prophet und der Messias Jesus wichtiger als die Predigt vom Auferstandenen. Anders war es schon sehr früh in den christlichen hellenistischen Gemeinden, die von griechischen Juden gegründet worden waren und überwiegend aus Nichtjuden bestanden: dort wurde vor allem die Erlösung durch den gekreuzigten und auferstandenen Christus gepredigt. Es kann kein Zufall sein, daß in den Schriften, die dort entstanden, zum Beispiel in den paulinischen Briefen, kaum das Leben und die Predigt Jesu berücksichtigt werden. Für unser Wissen über Jesus ist es also vielleicht ein Glücksfall, daß die synoptischen Evangelien in einer ziemlich späten Zeit, anscheinend erst nach dem Jahre 70 n. Chr., geschrieben worden sind, als schon die gewaltige schöpferische Kraft in den «paulinischen» Gemeinden nachgelassen hat. Diese spätere Schicht der synoptischen Tradition hat größtenteils ihren Niederschlag erst in der Redaktion des einzelnen Evangelisten gefunden. Wenn man dieses Material vorurteilslos untersucht, kann man aus dem Inhalt und der Ausdrucksweise ersehen, daß es sich dabei meistens nicht um kerygmatische Aussagen handelt, sondern um kirchliche Gemeinplätze.

Der wahre Tatbestand wurde allerdings fast ganz unsichtbar, als man in unserem Jahrhundert immer mehr den alten Bericht, der sich hinter Markus verbirgt, mit unserem Markus-Evangelium identifiziert hat. Heute gibt es zwar ernste Forscher, welche die sekundäre redaktionelle Arbeit des Markus aufgedeckt haben, aber meistens sträubt man sich noch, daraus die nötigen Schlüsse zu ziehen. Wenn nämlich das Markus-Evangelium eine gründliche Bearbeitung des ursprünglichen alten Stoffes ist, dann ist es kaum mit dem alten Bericht identisch, auf dem es fußt. Dann kann man auch annehmen, daß dieser alte Bericht, und nicht der bearbeitete, sowohl Lukas als auch Matthäus vorlag. Von diesen Voraussetzungen aus hat R. Lindsey (s. Bibliographie) die synoptische Frage in einem wichtigen Artikel neu überprüft und kam zu den folgenden Ergebnissen, die man durch weitere Argumente stützen kann: Matthäus und Lukas schöpfen, neben der Spruchquelle, direkt aus dem alten Bericht; der Redaktor unseres Markus hat bei seiner Arbeit auch den Lukas benutzt, und Matthäus hat neben dem alten Bericht auch sehr oft unseren Markus herbeigezogen. Daraus folgt: wenn Matthäus und Markus fast den gleichen Wortlaut bieten, dann ist es unser Markus und nicht der alte Bericht, der sich in Matthäus widerspiegelt.

Auch wenn man den Ausführungen Lindseys nicht folgen will und weiterhin unseren Markus als die Vorlage für Matthäus und Lukas ansehen wird, kann es den Forschern heute nicht mehr so sehr schwerfallen, die Redaktionsarbeit von dem alten, überlieferten Stoff in den Evangelien zu unterscheiden. Das ist ein wichtiges Verdienst der «redaktionsgeschichtlichen» Schule, die, wie es scheint, immer mehr an Anhängern gewinnt. Obzwar sich die Vertreter dieser Schule dessen oft nicht bewußt sind, haben sie den Weg zu einer mehr gesicherten Leben-Jesu-Forschung freigelegt. In unserer Studie werden die Ergebnisse dieser Schule zusammen mit Lindseys Lösung für die Erschließung der beiden alten Quellen, des alten Berichtes und der Spruchquelle, fruchtbar gemacht. Darum folgen wir manchmal nicht den einzelnen Evangelien, sondern versuchen, den ursprünglichen Stoff aus allen drei Evangelien von dem redaktionellen Rahmen zu sondern. In einem solchen Fall setzen wir vor die erste Stellenangabe die Abkürzung «vgl.» («vergleiche»). Der Leser wird unsere Arbeitsweise an Hand einer Synopse kontrollieren können. Um Jesus zu verstehen, ist die Kenntnis des zeitgenössischen Judentums unentbehrlich. Der jüdische Stoff ist nicht nur darum wichtig, weil er ermöglicht, Jesus in seiner Zeit zu sehen, sondern auch, um seine Aussprüche richtig zu interpretieren. Wenn also eine hebräische Wendung hinter dem griechischen Text der Evangelien gesichert ist, übersetzen wir diese und nicht den griechischen Wortlaut.

Es ist nicht die Aufgabe dieser Studie, eine Brücke zwischen dem historischen Jesus und dem christlichen Glauben zu schlagen. Wir

Der Evangelist Lukas. Handschrift aus Würzburg, um 800

haben nur uneigennützig versucht, ohne die eigene Person und die eigene Zeit zu unterdrücken – denn anders kann man keine Biographie schreiben –, hier und jetzt Jesus vor die Augen der Leser zu führen. Unsere Zeit scheint besonders geeignet zu sein, ihn und sein Anliegen zu verstehen. Eine tiefe Angst vor der Zukunft und vor der Gegenwart hat in uns eine neue Sensitivität erweckt. Wir sind heute empfänglich für Jesu Umwertung aller üblichen Werte, und die Fraglichkeit der normativen Moral, von der er ausgeht, ist vielen von uns zum Bewußtsein gekommen. Auch wir, wie Jesus, fühlen uns irgendwie zu den Parias der Gesellschaft, zu den Sündern hingezogen. Und wenn er meint, daß man *dem Bösen nicht widerstehen* solle, weil wir auch durch unsere Verneinung das an sich indifferente Kräftespiel in der Gesellschaft und in der großen Welt nur fördern, dann können wir das heute mindestens begreifen. Und wir können, wenn wir uns von den Fesseln der toten Vorurteile befreien, sicher seine Forderung der ungeteilten Liebe nachempfinden, nicht als eine philanthropische Schwäche, sondern als eine richtige psychologische Folgerung.

Auch die Ungeheuerlichkeit seines Lebens spricht uns heute an: von seiner Berufung bei der Taufe, von dem Zerreißen der Bindung an seine ihm fremde Familie und der Entdeckung einer neuen, erhabenen Kindschaft, herab in das Pandämonium der Kranken und Besessenen und weiter bis zu seinem Tod am Kreuze. Darum bekommen für uns die Worte, die nach Matthäus (28,20) der Auferstandene gesprochen haben soll, einen neuen, unkirchlichen Sinn: «Und siehe, ich bin mit euch alle Tage, bis an das Ende der Welt.»

DIE HERKUNFT

Jesus ist die übliche griechische Form des Namens Josua. Im Zeitalter Jesu wurde der Name Jeschua ausgesprochen, und so heißt manchmal Jesus von Nazareth in der antiken jüdischen Literatur. Manchmal heißt er dort auch Jeschu. Das ist fast sicher die galiläische Aussprache des Namens. Durch seine besondere galiläische Aussprache verriet sich ja auch Petrus nach der Festnahme Jesu (Mt. 26,73). Der Name Jesus gehörte damals zu den üblichsten Namen der Juden. In den Schriften des antiken jüdischen Historikers Flavius Josephus werden zum Beispiel zwanzig Männer dieses Namens erwähnt. Der erste ist der biblische Josua, der Nachfolger Mosis, der das heilige Land erobert hat. Die antiken Juden haben aus religiöser Scheu bestimmte wichtige biblische Namen gemieden, unter ihnen David und Salomo, Moses und Aaron. Vielleicht war damals der Name Jeschua-Jesus so

Verspottung des Christentums durch die Heiden.
Der Gekreuzigte hat einen Eselskopf,
weil man über die Juden gefabelt hat, daß sie einen Esel anbeten.
Grafitto aus der 1. Hälfte des 3. Jahrhunderts

verbreitet, weil man den Namen des Nachfolgers Mosis stellvertretend benutzt hat.

Auch der Vater Jesu und seine Brüder trugen sehr verbreitete Namen. Seine Brüder [1*] hießen Jakob, Jossi, Juda und Simon (Mk. 6,3);

---

* Die hochgestellten Ziffern verweisen auf die Anmerkungen S. 134 f.

dies sind Namen des biblischen Erzvaters Jakob und drei seiner Söhne, und sie waren damals so häufig wie heute Hans und Fritz. Jossi ist eine Kurzform von Joseph – so hieß ja auch der Vater Jesu. Heute ist es bei den Juden kaum möglich, daß ein Kind nach seinem lebenden Vater benannt wird; dagegen war es in der Antike eine ziemlich verbreitete Sitte. Jesu Mutter hieß Maria; der Name entspricht dem hebräischen Mirjam. Auch das war damals ein häufiger Name. Obzwar uns aus der Antike nicht viele Frauennamen bekannt sind – wir wissen zum Beispiel, daß Jesus auch Schwestern hatte, doch ihre

Der jüdische Historiker Flavius Josephus. Handschrift aus Toulouse

Namen sind nicht überliefert –, erwähnt Josephus acht Frauen, die Mirjam hießen. Die erste ist die Schwester Mosis, und nach ihr heißen die übrigen.

Die wunderbare Geburtsgeschichte Jesu in zwei literarisch unabhängigen Fassungen finden sich bei Matthäus und Lukas; sie fehlt bei Markus und bei Johannes und wird sonst im Neuen Testament an keiner Stelle vorausgesetzt. Außerhalb des Neuen Testaments erwähnt als erster Ignatius von Antiochien († 107 n. Chr.) die jungfräuliche Geburt Jesu.

Jesus Christus bedeutet bekanntlich Jesus der Messias, und nach der uralten jüdischen Auffassung sollte der Messias ein Nachkomme Davids sein, «der Sohn Davids». Sowohl Matthäus (1,2–16) als auch Lukas (3,23–38) bringen einen Stammbaum Jesu, der auf David führt.[2] Nach diesen zwei Genealogien stammt Joseph – und nicht Maria – vom König David ab. Wesentlich ist, daß sich die beiden Stammbäume Josephs gerade in jenen Evangelien befinden, die auch die Geschichte der jungfräulichen Geburt Jesu bringen, nämlich bei Matthäus und Lukas. Es scheint also, daß die beiden Evangelisten die Spannung zwischen der Abstammung Jesu von David durch Joseph und zwischen der Geburt ohne einen irdischen Vater nicht verspürt haben. Dabei ist noch zu bedenken, daß die beiden Geschlechtsregister eigentlich nur von Abraham bis David übereinstimmen.[3] Die inneren Schwierigkeiten der beiden Listen und ihre große Verschiedenheit erwecken den Eindruck, daß beide Stammbäume Jesu sozusagen ad hoc konstruiert wurden, um die davidische Abstammung Jesu zu beweisen.

Wir kennen im Zeitalter Jesu niemanden – außer Jesus[4] –, dessen Familie man als davidisch bezeichnet hätte. Natürlich wurde ein jeder erhoffter Messias durch seine Anhänger nachträglich als «der Sohn Davids» gläubig legitimiert. Das geschah mit dem messianischen Prätendenten Bar Kochba († 135 n. Chr.) und anscheinend auch mit Jesus. Doch wenn es auch möglich ist, daß die Familie Jesu eine Überlieferung besaß, nach der sie von König David abstammt, konnte dies schwerlich das Selbstbewußtsein Jesu bestimmt haben; Jesus von Nazareth als ein verkappter Prinz ist eine unmögliche Wirklichkeit.

Matthäus und Lukas bringen die davidische Genealogie Jesu; nach ihnen ist auch Jesus in der Geburtsstadt Davids, in Bethlehem, geboren. Allerdings gibt es auch in diesem Punkt wichtige Unterschiede zwischen den zwei Berichten: nach Lukas (2,4) zog die Familie Jesu nur wegen der Volkszählung nach Bethlehem. Sie wohnte vor der Geburt Jesu in Nazareth und kehrte dann dorthin zurück. Nach Matthäus dagegen war die Familie vor Jesu Geburt in Bethlehem in Judäa seßhaft, und erst nach der Flucht nach Ägypten siedelte sie sich in Nazareth an (2,23).[5] Es scheint also, daß sowohl die Tradition, nach der Jesus in Bethlehem geboren wurde, als auch die Bezeugung seiner davidischen Abstammung deshalb entstanden sind, weil damals viele geglaubt haben, der Messias werde aus dem Stamme Davids sein und wie er in Bethlehem geboren werden. Dies folgt offenbar aus Johannes 7,41–42. Gegen den Glauben an die Messianität Jesu wenden dort einige ein: «Kommt denn der Messias aus Galiläa? Hat nicht die Schrift gesagt, daß der Messias aus dem Samen Davids und von dem Dorfe Bethlehem, wo David war, kommt?» Johannes hat also weder den Geburtsort Bethlehem noch die davidische Abstammung gekannt. Gleichzeitig beweisen die Worte, daß man diese zwei Bedingungen als Legitimation des Messias vielfach verlangt hat.

Jesus war also ein galiläischer Jude und wahrscheinlich in Nazareth geboren; dort hat er sicher bis zu seiner Taufe durch Johannes den Täufer wahrscheinlich etwa dreißig Jahre (Lk. 3,23) gelebt. Er wurde entweder im Jahre 27/28 oder 28/29 n. Chr. getauft.[6] Schwerer ist über die Frage nach der Dauer seiner öffentlichen Wirksamkeit zwischen der Taufe und der Kreuzigung zu entscheiden. Nach den Angaben der ersten drei Evangelien scheint es, daß diese Zeitspanne höchstens ein Jahr umfaßte, wogegen man nach Johannes einen Zeitraum von zwei, vielleicht sogar drei Jahren wird annehmen müssen. Heute ist es ziemlich klargeworden, daß Johannes der Theologe kaum beabsichtigt hat, ein Historiker zu sein, und darum ist es nicht ratsam, seine Chronologie und seinen geographischen Rahmen ohne Überprüfung als historisch anzunehmen.[7] Allerdings wird man sich auch fragen müssen, ob die ersten drei Evangelien einen historischen und geographischen Aufriß wirklich bieten wollen und wie weit ein solcher durch theologische Überlegungen der einzelnen Evangelisten bedingt ist.[8] Es sind sachliche Überlegungen, die uns dazu führen, den synoptischen Evangelien in diesen Punkten zu trauen. Jesus mag zwar schon vor seiner Todesfahrt in Judäa und in Jerusalem gewirkt haben, aber der eigentliche Raum seiner Verkündigung war in Galiläa, am nordwestlichen Ufer des Sees von Genezareth. Es wird sich auch zeigen, daß die Geschehnisse am leichtesten von der Voraussetzung aus verstanden werden können, daß zwischen der Taufe und der Kreuzigung nur eine kurze Zeit liegt. Es gibt Forscher, die annehmen, Jesus sei im Jahre 30 oder 33 zu Ostern gestorben. Am wahrscheinlichsten wird also sein, daß Jesus im Jahre 28/29 getauft wurde und im Jahre 30 gestorben ist.

Wie wir gesehen haben, hatte Jesus vier Brüder und Schwestern. Die Familie Jesu in Nazareth bestand also wenigstens aus sieben Kindern. Wer die jungfräuliche Geburt Jesu als historisch annimmt und gleichzeitig zugibt, daß die Geschwister Jesu wirklich seine Brüder

Teilansicht der Geburtskirche zu Bethlehem

und Schwestern waren, muß zu der Folgerung gelangen, daß Jesus das erstgeborene Kind Marias war. Aber auch wenn man die Geburtsgeschichten bei Matthäus und Lukas für unhistorisch hält, wird man sich fragen müssen, ob Jesus vielleicht doch nicht der älteste seiner Geschwister war. Lukas (2,22–24) berichtet, daß die Eltern Jesu ihn nach seiner Geburt nach Jerusalem gebracht haben, ihn dem Herrn darzustellen, so wie es im Gesetze des Herrn geschrieben steht; «alles Männliche, das zum ersten die Mutter bricht soll dem Herrn heilig heißen». Zwar konnte man den Erstgeborenen überall von einem Priester loskaufen [9], doch gab es fromme Leute, welche die Gelegenheit benutzt haben und mit dem Söhnlein nach Jerusalem, zum Tem-

In der Geburtskirche:
die Stelle, wo nach der Überlieferung Jesus geboren wurde

pel Gottes, zu diesem Zweck gepilgert sind. Hat also Lukas – oder seine Vorlage – die Geschichte wegen der jungfräulichen Geburt erfunden oder war Jesus wirklich das älteste Kind Marias?

Der Vater Jesu ist fast sicher schon vor der Taufe des Sohnes gestorben; vielleicht starb er, als Jesus noch sehr jung war. Zur Zeit des öffentlichen Auftretens Jesu begegnen wir seiner Mutter und seinen Geschwistern, aber der Vater bleibt unerwähnt. Nach Lukas (2,41 bis 51) lebte Joseph noch, als Jesus zwölf Jahre alt war. «Seine Eltern zogen alljährlich nach Jerusalem am Passahfeste. Und als er zwölf Jahre alt war, da sie nach der Sitte des Festes hinaufstiegen und die Tage vollbracht haben, blieb der Knabe Jesus, als sie heimkehrten, in

Jerusalem zurück, und seine Eltern wußten es nicht. Da sie aber meinten, er sei bei der Reisegesellschaft, kamen sie eine Tagesreise weit und suchten ihn bei den Verwandten und Bekannten, und da sie ihn nicht fanden, kehrten sie um nach Jerusalem, ihn zu suchen. Und es geschah, nach drei Tagen fanden sie ihn im Tempel sitzend mitten unter den Lehrern, wie er ihnen zuhörte und sie ausfragte. Es waren aber alle außer sich, die ihm zuhörten, über seinen Verstand und seine Antworten.»

Diese Anekdote aus dem Leben des Knaben Jesus hat eine besondere Bedeutung: es ist eine Geschichte des frühreifen Gelehrten, fast würde man sagen, eines jungen Talmudisten. Heute wird ein jüdischer Junge mit dreizehn Jahren als erwachsen betrachtet, aber damals gab es auch die Ansicht, daß ein Knabe bereits mit zwölf Jahren reif sei. Die Geschichte bei Lukas kann wahr sein; ich selbst habe von der Witwe eines großen Forschers in rabbinischer Literatur[10], die sicher nicht Lukas gelesen hat, gehört, daß, als die Eltern des Gelehrten zu einem Jahrmarkt gefahren sind, der Sohn ihnen abhanden gekommen ist; erst in den frühen Morgenstunden haben sie den Jungen gefunden, wobei er in einem Lehrhaus mit den Rabbinern heftig über gelehrte Fragen disputierte. Ähnliches erzählt, wenn ich nicht irre, in seiner Autobiographie der indische Philosoph Gupta.

Die Anekdote bei Lukas über den Knaben Jesus steht nicht im Gegensatz zu dem, was wir sonst über die jüdische Bildung Jesu wissen. Es wird, wahrscheinlich mit einem gewissen Recht, behauptet, die Schüler Jesu seien «ungelehrte und ungebildete Leute» gewesen (Apg. 4,13). Dies führte zu der Behauptung, und zwar bei dem historisch weniger verläßlichen Johannes (7,15), daß auch Jesus selbst ungebildet war, da er «nicht studiert hat». Wenn man aber die Aussprüche Jesu auf dem Hintergrund der damaligen jüdischen Gelehrsamkeit betrachtet, kann man leicht bemerken, daß Jesus beileibe kein Ungebildeter gewesen ist. Er war sowohl in den heiligen Schriften als auch in der mündlichen Lehre zu Hause und konnte mit diesem Lehrgut frei schalten. Die jüdische Bildung Jesu war unvergleichlich höher als die des Paulus.

Eine äußere Bestätigung für das jüdische Wissen

Jesu bildet die Tatsache, daß man ihn, obzwar er kein approbierter Schriftgelehrter war[11], mit «Rabbi» (mein Lehrer) anzureden pflegte.[12] «Die Anrede ‹Rabbi› war in damaliger Zeit allgemein üblich, gegenüber den Kennern und Lehrern der Thora besonders bevorzugt, aber noch nicht auf die ausgebildeten und ordinierten Gelehrten beschränkt.»[13] Erst eine Generation nach Jesus wurde der Titel «Rabbi» zur Bezeichnung des akademischen Grades. Jesus fand es nicht richtig, daß sich viele Pharisäer gern mit Rabbi anreden ließen, *und niemand auf Erden sollt ihr «Vater» nennen* – «Abba» war damals eine andere übliche Anrede –, *denn einer ist euer Vater, der himmlische* (Mt. 23, 6–12). Ähnlich sagte auch ein Schriftgelehrter eine Generation vor

Nazareth

Jesus: «Liebe das Handwerk und hasse das Rabbinertum»[14] – und diese Ansicht haben viele geteilt. Die Schriftgelehrten hatten zwar manchmal ihre Dünkel, aber gelehrte Stubenhocker waren sie nicht. Sie forderten, daß jeder seinen Sohn ein Handwerk lehre, und sehr viele von ihnen waren selbst Handwerker. Für besonders gelehrt galten damals die Tischler. Als man über eine schwierige Frage disputierte, pflegte man zu sagen: «Ist hier ein Tischler, ein Sohn eines Tischlers, der uns die Frage lösen kann?»[15] Jesus war entweder ein Tischler oder der Sohn eines Tischlers; und wahrscheinlich war er beides. Das beweist natürlich an sich nicht, daß er oder schon sein Vater gelehrt war, aber auch von dieser Seite zerstört die Realität das übliche lieblich-idyllische Bild des Jesus als eines naiven, liebenswürdigen, einfachen Handwerkers.

Schon Nietzsche hat mit Recht geschrieben: «Die Versuche, die ich kenne, aus den Evangelien sogar die Geschichte einer ‹Seele› herauszulesen, scheinen mir Beweise einer verabscheuungswürdigen psychologischen Leichtfertigkeit.»[16] Doch einem psychologischen Faktum im Leben Jesu kann man nicht ausweichen: seiner ablehnenden Stellung gegen die Familie, in die er geboren ward. Diesen Charakterzug finden wir sogar bei dem historisch weniger glaubwürdigen Johannes. Als bei der Hochzeit in Kana die Mutter Jesus bittet, er solle Wein beschaffen, sagt ihr Jesus: «Was haben ich und du gemein[17], Frau?» (2,4) Das Motiv der Spannung Jesu zu seiner Familie wird in einer neu entdeckten apokryphen Erzählung fast unerträglich gesteigert. Dort[18] wird erzählt, daß, als Jesus gekreuzigt wurde, seine Mutter Maria mit ihren Söhnen Jakob, Simon und Juda zu ihm gekommen seien und vor ihm standen. Und er, am Holz hängend, sagte zu ihr: «Nimm deine Söhne und geh fort!» Aber auch aus den Synoptikern können wir etwas über diese Spannung erfahren. Einmal kamen zu Jesus seine Mutter und seine Brüder und riefen ihn an. Da wandte er sich seinen Jüngern zu und sagte: *Siehe, hier meine Mutter und meine Brüder! Denn wer da tut den Willen meines Vaters in den Himmeln, der ist mein Bruder, Schwester und Mutter* (Mt. 12,46–50, vgl. auch Lk. 11,27–28). Diese Erkenntnis bezog Jesus auch auf andere: *Wahrlich, ich sage euch, es ist niemand, der Haus oder Weib oder Brüder oder Kinder verlassen hat um des Reiches Gottes willen, der nicht vielmal mehr wieder bekäme in dieser Welt, und in der künftigen Welt ewiges Leben* (Lk. 18,28–30). Und ein anderes Wort über dasselbe Thema, das im Hebräischen nicht so unmenschlich klang wie in den Übersetzungen: *Wenn einer zu mir kommt und haßt nicht seinen Vater, Mutter, Weib, Kinder, Brüder, Schwestern ... so kann er nicht mein Jünger sein* (Lk. 14,26). Jesus kennt die Wahrheit, daß eine konsequente religiöse Entscheidung die Familienbande sprengen muß, um so mehr, da er sicher war, daß die Endzeit nahte. «Er sagte zu jemandem: *Folge mir.* Der aber sprach: ‹Erlaube mir erst hinzugehen und meinen Vater zu begraben.› Er aber sagte zu ihm: *Laß die Toten ihre Toten begraben* ... Ein anderer sagte: ‹Ich will dir nachfolgen, Herr; erst aber laß mich Abschied sagen den Leuten in meinem Hause.› Jesus aber sagte zu ihm: *Niemand, der die Hand an den Pflug gelegt und rückwärts sieht, ist tauglich für das Reich Gottes*» (Lk. 9,59–62).

Wie wir gesehen haben, scheint eine mit Affekten beladene Spannung zwischen Jesus und seiner Familie bestanden zu haben, und anscheinend war es diese psychologische Tatsache (deren Hintergrund wir nicht kennen), die bei seiner persönlichen, für die Menschheit so bedeutenden Entscheidung mitgewirkt hat. Markus reduziert diesen seelischen Hintergrund auf eine sehr einfache Formel: als Jesus seine Werkstatt verlassen hat, um das Kommen des Reiches zu verkünden, meinte die Familie, er sei verrückt geworden. Er erzählt, daß die Seinigen «ausgegangen sind, ihn zu greifen; denn, so sagten sie, er ist von Sinnen» (Mk. 3,21). Doch dieser Stelle ist wohl nicht zu trauen; sie ist sicher eine – ziemlich abstruse – Bildung des Evangelisten.[19] Der wahre Kern wird wahrscheinlich nur die Tatsache sein, daß die Familie die Sendung des Sohnes bis zu seinem Tode für eine gefährliche Einbildung gehalten hat (vgl. Joh. 7,5). Daß die Seinen an ihn nicht glauben würden, hat Jesus mit Recht geahnt; darum ist er nach der Taufe nicht nach Hause gegangen, sondern nach Kapernaum. Als er dann von dort in seine Heimatstadt ging, bewies er nur, daß niemand zu Hause ein Prophet ist. Als er in Nazareth in der Synagoge gelehrt hatte, fragten sich die Menschen, woher diesem Sohn Josephs seine Weisheit komme, und er konnte dort, wegen ihres Unglaubens, auch kein Wunder tun. Wenn die Psychologie richtig sieht, ist dies leicht verständlich.

Was geschah mit der Familie Jesu nach seinem Tode? Nach einer nicht ganz sicheren Nachricht (Apg. 1,14)[20] übersiedelte Maria, die Mutter des Jesus, mit seinen Brüdern zu den Aposteln nach Jerusalem. Der Herrnbruder Jakob wurde durch die Erscheinung des Auferstandenen gläubig.[21] Im Jahre 62 n. Chr. starb er für den Glauben an seinen Bruder, umgebracht durch einen sadduzäischen Hohepriester.[22] Gläubig wurden nachträglich auch die anderen Brüder Jesu und ließen sich mit ihren Ehefrauen von den christlichen Gemeinden bewirten (1. Kor. 9,5). Nachdem die Brüder Jesu in ihrem getöteten Bruder den Messias erkannt hatten, wurde es ihnen klar, daß sie selbst Davididen waren. Aus einem alten Bericht[23] erfahren wir, daß die Enkel des Herrnbruders Juda dem Kaiser Domitian als Nachkommen des jüdischen Königshauses verdächtig wurden; er soll sie in Rom verhört haben, aber ließ sie laufen, als sich herausgestellt hat, daß sie nur arme Bauern waren. Sie leiteten dann christliche Gemeinden, anscheinend in Galiläa, und lebten bis in die Tage Trajans. In Jerusalem folgte in der Leitung der Gemeinde dem getöteten Herrnbruder Jakob ein Vetter Jesu namens Simeon. Die Familie Jesu hat also nach seinem Tode ihren Unglauben überwunden und reihte sich in die junge judenchristliche Gemeinde mit Ehren ein. Wir können sie verstehen: als Verwandter des Heilands in einer ordentlichen Gemeinschaft zu leben, ist zwar gefahrvoll, jedoch einfacher, als in dem Bruder und Sohn etwas anderes zu sehen, als man selbst ist. Die Mutter, bei all ihrem Unvermögen, den Sohn zu verstehen, hat, von ihrem Standpunkt aus, recht behalten: die befürchtete Katastrophe kam – und ihr selbst ist damals ein Schwert durch die Seele gegangen.[24] Ward für sie später der Glaube an den auferstandenen Sohn und die Hoffnung, daß sie ihn wiedersehen wird, ein voller Trost?

DIE TAUFE

In jenen Tagen trat Johannes der Täufer[25] in der Wüste auf und verkündete eine Taufe der Buße zur Sündenvergebung. Dies ist, was durch den Propheten Jesaja (40,3) gesagt ward: «Die Stimme ruft: In der Wüste bahnt den Weg des Herrn, ebnet in der Steppe eine Straße für unseren Gott» (vgl. Mk. 1,2–4). Auch für die Essener, deren Schriften beim Toten Meer entdeckt wurden, bedeutet dies Prophetenwort einen Aufruf, «sie sollen sich absondern von dem Wohnsitz der Männer des Frevels, um in die Wüste zu gehen, dort den Weg des Herrn zu bahnen»[26]. Johannes steht den Essenern so nah, daß es möglich ist, er habe einst ihrer Gemeinde angehört, sie aber verlassen, weil er den sektiererischen Separatismus der Essener ablehnte und die Buße zur Sündenvergebung für ganz Israel möglich machen wollte. Darum strömten auch zu dem streng-düsteren Propheten der Wüste die Mengen von nah und fern, lauschten seiner drohenden Bußpredigt, bekannten ihre Sünden und wurden von ihm im Flusse Jordan getauft. Der mächtige Einfluß auf das Volk brachte dem Täufer den Tod durch Herodes Antipas, den Sohn des Königs Herodes des Großen. Josephus[27] berichtet: «Da die Mengen bei Johannes zusammenströmten und beim Hören seiner Worte aufs Höchste ergriffen wurden, befürchtete Herodes, sein gewaltiger Einfluß auf die Menschen könne zu einem Aufstand führen, weil man alles nach seinem Rate zu tun pflegte. Darum hielt es Herodes für viel vorteilhafter, bevor irgendein Aufruhr von ihm ausgehen würde, als

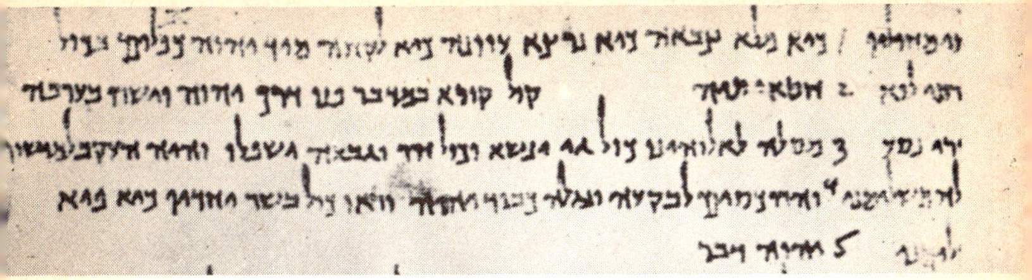

«Die Stimme ruft ...» (Jesaia, 40,3).
Nach einer Schriftrolle vom Toten Meer

erster loszuschlagen und den Mann zu erledigen, damit er nicht im Falle eines gefährlichen politischen Umschwungs, in die Geschehnisse hineingezogen, seinen Sinn ändern möge. Wegen dieser Befürchtung ließ ihn Herodes fassen, in die Festung Machärus führen und dort umbringen.» Weiteres über den Tod des Johannes erfahren wir aus den Evangelien.[28]

Was das Volk am meisten zu dem Täufer angezogen hat, scheint die Taufe gewesen zu sein. Viele hofften, daß durch das Bad ihre Sünden getilgt und sie dadurch dem kommenden Zorngericht Gottes entrinnen werden. Doch Johannes forderte vorher eine echte Buße. Er war, nach Josephus, ein heiliger Mann, «der die Juden aufforderte, sich in der Taufe zu reinigen, indem sie sich der Tugend hingeben, gegen einander Gerechtigkeit und gegen Gott Frömmigkeit üben sollen. Denn nur so schien ihm die Taufe wirksam, und nicht, wenn man sie als Mittel zur Vergebung der Sünden anwendet, sondern als Reinigung des Körpers, nachdem freilich die Seele schon vorher durch Gerechtigkeit gereinigt worden ist.» Dies entspricht genau der essenischen Auffassung: die Tauchbäder, wie auch sonst in Israel, waschen nur die rituelle Unreinheit des Körpers ab, aber nach der Ansicht der Essener wird der Mensch auch durch eine begangene Sünde rituell unrein; darum «darf man nicht ins Wasser kommen ... außer man kehrt um von seiner Bosheit, weil Unreinheit an allen Übertretern Seines Wortes haftet»[29]. Denn nur «wer seine Seele demütigt unter die Gesetze Gottes, dessen Fleisch wird gereinigt, wenn er mit dem Reinigungswasser besprengt wird und sich heiligt im Wasser der Reinheit»[30]. Oder, fast wörtlich nach der angeführten Meinung des Johannes des Täufers: das Wasser kann nur dann den Körper reinigen, wenn die Seele schon vorher durch Gerechtigkeit rein wurde. Was reinigt nun aber die Seele bei der Buße? «Durch den Geist

Umseitig: Die Wüstenlandschaft von Judäa zwischen Jerusalem und Jericho

der Heiligkeit ... wird man von allen Sünden gereinigt.»[31] So war bei der essenischen Taufe die Buße mit der Sündenvergebung und diese mit dem Heiligen Geist verbunden. Da, wie wir beobachten konnten, Johannes über die Taufe dasselbe wie die Essener dachte, sah auch er den Heiligen Geist bei seiner Taufe wirken.[32]

Wir können uns die heilige Erregung jener Menge vorstellen, die gerade die feurigen Worte des Täufers gehört hatte. Nachdem sie ihre Sünden bekannten, tauchten sie ihre besudelten Körper in das reinigende Wasser des Flusses ein, auf die Gabe des Heiligen Geistes harrend, der nun ihre Seelen von der Unflat des Frevels reinigen werde. Wie konnten da nicht einigen unter ihnen sonderbar pneumatisch-ekstatische Erlebnisse zuteil werden, in der Stunde, als der Geist Gottes an ihnen wirkte? «Und es geschah, als alles Volk sich taufen ließ, da auch Jesus getauft wurde ... daß der Himmel sich auftat und der Heilige Geist ... wie eine Taube auf ihn herabfuhr, und eine Stimme vom Himmel kam[33]: Dies ist mein Sohn, der einzige[34], an ihm fand ich Wohlgefallen.» So die himmlische Stimme nach Matthäus (3,17) und Markus (1,11). Doch manche Forscher[35] meinen mit Recht, in dem ursprünglichen Bericht habe die Hallstimme dem Jesus verkündet: «Siehe, das ist mein Knecht, an dem ich festhalte, mein Erwählter, an dem meine Seele Wohlgefallen hat, ich habe meinen Geist auf ihn gelegt, Recht wird er den Völkern sprechen» (Jesaja 42,1). Diese Form wird wahrscheinlich auch darum die ursprüngliche sein, weil das Prophetenwort der Situation entspricht. Hallstimmen waren damals im Judentum keine ungewöhnlichen Erscheinungen, und häufig hörte man die Stimme einen Bibelvers sprechen. Die Geistesgabe, von einem ekstatischen Erlebnis begleitet, war ja unter denen, die sich vor Johannes im Jordan tauften, anscheinend nicht eine einzigartige Erscheinung. Und wenn Jesus wirklich damals das Wort aus Jesaia gehört hat, dann waren die Worte «siehe ... ich habe meinen Geist auf ihn gelegt» eine wunderbare Bestätigung der Geistesgabe. Einzigartig in seiner Bedeutung ist etwas anderes. Wenn wir die überlieferte Form der himmlischen Stimme annehmen, dann wurde durch sie Jesus als «mein Sohn» bezeichnet; wenn aber die Stimme vom Himmel das Prophetenwort ertönen ließ, dann mußte Jesus verstanden haben, er sei zum Knecht Gottes, zu seinem Erwählten erkoren. Dadurch bekam für ihn das Geschenk des Heiligen Geistes, das zu der Taufe Johannis gehört hat, eine andere, besondere Bedeutung, die für sein weiteres Leben entscheidend wurde. Weder «Sohn» noch «Knecht» oder «Erwählter» sind ausschließlich messianische Titel – die zwei letzten Bezeichnungen können auch auf die Würde eines Propheten weisen –, aber durch sie erfuhr nun Jesus, daß er erwählt, berufen und auserkoren war. Nach allem, was wir erfahren haben,

Die erste Höhle, in der Handschriften der Essener gefunden wurden

Taufbecken in der Essener-Siedlung bei Kumran

ist an der Historizität dieses Erlebnisses Jesu bei seiner Taufe am Jordan nicht zu zweifeln.

Nach Markus (1,9) und Matthäus (3,13) kam Jesus zu Johannes aus seinem Wohnort Nazareth, und wenn wir den Worten des Erzengels bei Lukas (1,36) Glauben schenken, war Maria mit der Mutter des Täufers verwandt. Mehr kann man über den psychologischen Hintergrund der Entscheidung Jesu, sich den Mengen anzuschließen, um von Johannes getauft zu werden, nicht wissen. Dagegen können wir aus den Quellen – wenn wir sie richtig lesen – ziemlich klar erfahren, was mit Jesus nach seiner Taufe und Berufung geschah. Die einzige wirkliche Schwierigkeit scheint zu sein, daß wir keine verläßlichen Nachrichten über die Gegend der Tätigkeit des Täufers besitzen[36], wobei noch dazu wahrscheinlich ist, daß der Wüstenprophet öfters seinen Ort gewechselt hat. Es scheint mir am einfachsten zu sein, wenn wir annehmen, daß Jesus durch Johannes nicht weit von dem nördlichen Einfluß des Jordan in den See Genezareth getauft wurde. Dort lag ja auch Bethsaida, die Heimat des Bruderpaares Andreas und Petrus, denen nach Johannes (1,40–44) Jesus bei seiner Taufe begegnet ist. Petrus und sein Bruder Andreas und ein zweites Bruderpaar, nämlich Jakob und Johannes, die Söhne des Zebedäus, die auch Fischer am See Genezareth gewesen sind, wurden dann seine ersten Jünger. Petrus war mit einer Frau aus dem nahen Kapernaum verheiratet, und dort hat er bei ihrer Mutter gelebt.[37] Auch diese wurde gläubig, nachdem sie Jesus von einer Fieberkrankheit geheilt hat; ihr Haus wurde fast zur zweiten Heimat Jesu. Als er später seine Heimatstadt Nazareth besucht hat, kehrte er nach dem Mißerfolg in die Gegend von Kapernaum zurück.

Der geographische Rahmen der öffentlichen Wirksamkeit Jesu hat sich also vielleicht aus dem Ort seiner Taufe und wahrscheinlich durch die Bekanntschaft mit Petrus ergeben. Dieser Rahmen ist nicht theologisch, sondern sehr konkret. Er wird durch die Worte Jesu selbst in der sogenannten Spruchquelle bestätigt. «Damals hob er an, die Städte zu schelten, in denen seine meisten Wunder geschehen waren, weil sie nicht Buße taten: *Wehe dir Chorazin, wehe dir Bethsaida. Denn wenn in Tyrus und Sidon die Wunder geschehen wären, die bei euch geschehen sind, so hätten sie längst in Sack und Asche Buße getan. Ja ich sage euch: Tyrus und Sidon wird es erträglicher gehen am Tage des Gerichts als euch. Und du, Kapernaum, wirst du bis zum Himmel erhoben werden? Bis zum Totenreich wirst du hinabfahren. Denn wenn in Sodom die Wunder geschehen wären, die bei dir geschehen sind, stände es noch heute. Ja, ich sage euch: Dem Lande Sodom wird es am Tage des Gerichtes erträglicher gehen als dir*» (Mt. 11,20–24; Lk. 10,12–15). Das nahe Chorazin wird sonst im

Johannes tauft Jesus.
Aus einer römischen Katakombe, Anfang des 2. Jahrhunderts

Neuen Testament nicht erwähnt, und die arme Maria Magdalena, «aus der sieben böse Geister ausgefahren waren» (Lk. 8,2), kam aus dem benachbarten Magdala. Die nordwestliche Ecke am galiläischen See war dicht bevölkert und reich an Landwirtschaft – der Weizen von Chorazin war berühmt. Dort saßen die vielen Fischer, die zu dem Ostufer des Sees auf ihren Booten zu fahren pflegten, um von dort reichen Fischfang heimzubringen. Die Menschen der Gegend waren beileibe keine ungebildeten Hinterwäldler.

Noch viel wichtiger, als den geographischen Rahmen der öffentlichen Wirksamkeit Jesu abzugrenzen, ist es, die gegenseitige Beziehung Jesu und Johannis nach der Taufe Jesu zu klären, denn nur wenn man die üblichen Irrtümer entfernt hat, wird das Bild Jesu in seiner Bedeutung freigelegt. Die Ursache für diese Verzeichnung liegt

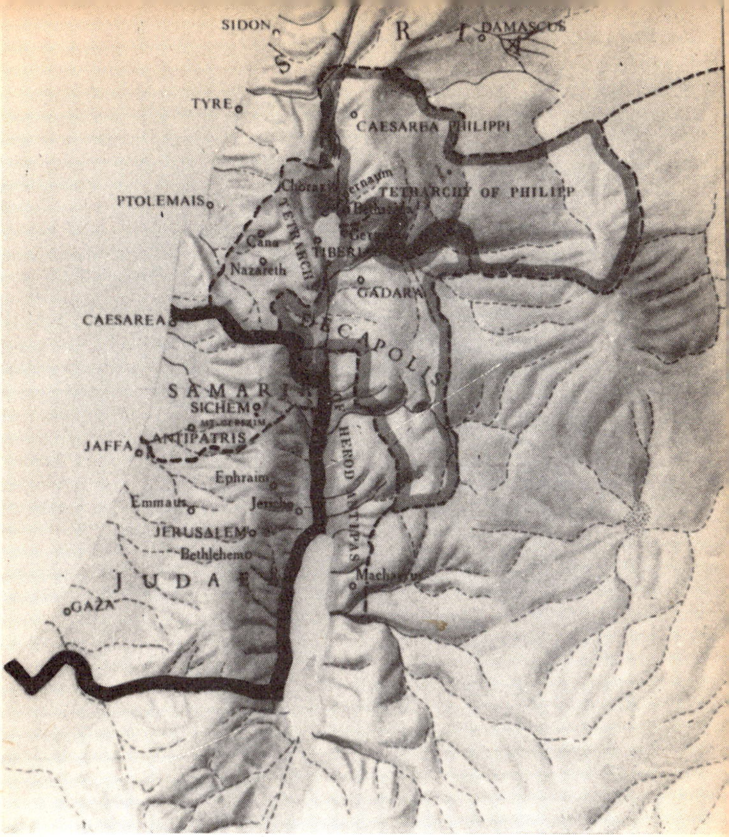

Palästina zur Zeit Jesu

in der «heilsgeschichtlichen Chronologie»[38] des Markus: da Johannes der Täufer mit gewissem Recht aus christlicher Sicht der Vorläufer Jesu war und da Jesu Auftreten wirklich auf das des Täufers folgte, wurde bei Markus der Täufer zum Vorläufer Jesu im wörtlichen Sinne des Wortes. Darum durfte bei Markus Jesus erst nach der Festnahme Johannis öffentlich auftreten: «Nachdem aber Johannes übergeben war, kam Jesus nach Galiläa, um zu künden die Heilsbotschaft Gottes» (Mk. 1,14). Einen weiteren Schritt tat dann Matthäus: da nach Markus, dem er geglaubt hat (s. Mt. 4,12–13), Johannes schon vor dem ersten Auftreten Jesu festgenommen wurde, konnte der Täufer bei Jesus erst dann angefragt haben, ob er der Kommende sei, als er schon im Gefängnis saß – und Matthäus «verbesserte» darum in diesem Punkt die Spruchquelle (Mt. 11,2; vgl. Lk.

7,18). Da auch sonst Matthäus die Neigung zeigt, die Worte des Täufers und die Aussprüche Jesu gegenseitig anzugleichen[39], legt er Jesu Verkündigung des Reiches schon dem Täufer wörtlich in den Mund (Mt. 3,2, vgl. 4,17). Nachdem sich also schon bei dem Markus und Matthäus das Bild stufenweise verschoben hatte, kommen die Forscher und versuchen, die so entstandene Verzeichnung historisch und psychologisch zu deuten. Die unchronologische Chronologie des Markus wird dann meistens so verstanden, daß Jesus durch sein Auftreten vorerst die Lücke füllen wollte, die in Israel durch die Festnahme des Täufers entstanden war. Dieser Eindruck wird dann noch durch Matthäus scheinbar bestätigt, denn nach diesem Evangelium hat anfänglich Jesus nur die Botschaft Johannis weitergegeben. Und daß Johannes der Täufer, der sein ganzes Leben auf den Messias gehofft hat, endlich kurz vor seinem Tode, im Gefängnis, die Nachricht vom Auftreten Jesu bekommen hat und zu ihm Boten schickte, ist wahr-

Ruinen der Synagoge in Chorazin

lich eine menschliche Tragödie. Kein Wunder, daß Flaubert diese ergreifende Szene in seiner Erzählung «Herodias» beschrieben hat.

So veränderte sich das ursprüngliche historische Bild zuerst aus theologischen Gründen bei Markus und Matthäus und dann aus psychologischer Umdeutung bei manchen Forschern. In Wirklichkeit weiß nicht nur der weniger verläßliche Johannes (3,24), daß am Anfang des Wirkens Jesu «Johannes noch nicht ins Gefängnis geworfen war», sondern auch Lukas und seine Quellen berichten nie, daß Jesus erst aufgetreten ist, nachdem Johannes verschwand. Nachdem wir also die sekundären Verzeichnungen entfernt haben, können wir jetzt über den Anfang der öffentlichen Wirksamkeit Jesu nach seiner Taufe berichten.

Johannes der Täufer hat zwar einen Jüngerkreis gehabt, aber die meisten Menschen, die von ihm im Jordan getauft wurden, haben natürlich nach der Taufe den Täufer verlassen, um nach Hause zu gehen. Johannes wollte ja keine Sekte gründen und meinte, es sei besser, wenn ein jeder zu seinem Beruf zurückkehre (Lk. 3,10–14). Jesus hingegen, nachdem ihm bei der Taufe die Stimme seine Erwählung verkündet hatte, kehrte nicht zu seinem früheren Leben zurück, sondern «von da an begann Jesus zu verkünden und zu sagen: *Tut Buße, denn genaht ist das Reich der Himmel*» (Mt. 4,17). Er berief seine Jünger, lehrte in den Synagogen «und heilte alle Krankheit und alle Gebrechen unter dem Volk» (Mt. 4,17–25).[40]

Es ist möglich, daß Johannes der Täufer sich für den endzeitlichen Propheten gehalten hat; das Volk sah in ihm den biblischen Propheten Elia, der vor dem Messias kommen sollte. Er selbst verkündete, daß bald der kommen wird, der stärker sei als er, und der das Strafgericht halten werde. Als nun Johannes von der Bewegung um Jesus in den Dörfern am See Galiläas gehört hatte – so erzählen die Quellen[41] –, sandte er von dem Ort, wo er damals weilte, zu Jesus zwei seiner Jünger mit der Frage: «Bist du es, der da kommen soll, oder sollen wir auf einen anderen warten?» Daß man einen

Die Synagoge von Kapernaum, teilweise restauriert

Auftrag nicht durch einen, sondern durch zwei Männer ausführen ließ, war damals eine übliche jüdische Sitte. Auch Jesus hat seine Jünger zu zweit ausgeschickt (Mk. 6,7; Lk. 10,1), und diese Sitte wurde bei den Missionsreisen der Christen anfangs beibehalten.[42] Dagegen ist der Wortlaut der Frage des Täufers an Jesus schwerlich ursprünglich: die Bezeichnung des Messias als dem, «der da kommen soll», ohne eine nähere Bestimmung, ist zwar im Griechischen möglich, aber im Hebräischen oder Aramäischen schwer vorstellbar; doch der ursprüngliche Sinn der Frage scheint mehr oder weniger auch in ihrer jetzigen Form bewahrt zu sein. Jedenfalls wollte Johannes wissen: zeigt das Erscheinen Jesu an, daß die Endzeit nun wirklich anbricht, oder muß man noch auf einen anderen warten? Auf diese Anfrage ließ Jesus nach dem alten Bericht[43] dem Täufer melden: *Gehet hin und berichtet dem Johannes, was ihr hört und seht: Blinde werden sehend und Lahme gehen ... und Taube hören ... und Armen wird Heil verkündet – selig, wer an mir nicht irre wird!*

Wichtig ist, daß Jesus die Frage des Täufers nach dem eschatologischen Sinn seiner Tätigkeit im Prinzip bejaht hat, doch ohne sich ausdrücklich für den kommenden Messias zu erklären. Den Anspruch auf sein endzeitliches Amt bewies er dem Täufer durch den Hinweis auf seine Heilsverkündigung und auf seine übernatürlichen Heilungen. In diesen sah Jesus ein unmißverständliches Zeichen dafür, daß die Zeit des Heils schon angebrochen sei. *Wenn ich mit Gottes Finger die Dämonen austreibe, so ist ja das Reich Gottes schon über euch gekommen* (Lk. 11,20). Die Krankheiten sind vom Teufel, und das Reich der Himmel kommt, wenn der Satan besiegt und machtlos wird. Nach Lukas (10, 18) sagte einmal Jesus: *Ich sah den Satan wie einen Blitz vom Himmel fallen.* Und nach einer Schrift[44], die zur Zeit der Kindheit Jesu verfaßt wurde: «Dann wird Sein Reich über all Seiner Schöpfung erscheinen und dann wird der Satan ein Ende haben, und Trauer wird mit ihm entfliehen.» So ist das Kommen des Reichs mit der Entmachtung des Satans und seiner Geister verklammert, und wenn Jesus Kranke heilt und unreine Geister vertreibt, dann ist er der siegreiche Überwinder, der das Reich Gottes verwirklicht.[45] *Solange der Starke wohl bewaffnet seinen Hof bewacht, bleibt sein Eigentum in Frieden. Doch sobald der Stärkere über ihn kommt und ihn überwindet, nimmt er ihm seine Waffenrüstung, auf die er sich verließ, und verteilt seine Beute. Wer nicht mit mir ist, der ist wider mich, und wer nicht mit mir sammelt, der zerstreut* (Lk. 11,21 bis 23). Hier wird die Warnung noch drohender als im Schlußsatz der Botschaft an den Täufer.

Neben den Heilungen meldet Jesus dem Täufer, als zweiten Beweis für seinen Anspruch, daß durch ihn *den Armen Heil verkündet wird.* Dies ist ein Hinweis auf die Worte des Propheten Jesaja (61, 1–2), die für Jesus besonders wichtig waren: «Der Geist des Herrn, Gottes ist auf mir, weil mich der Herr gesalbt hat, Heil zu künden den Demütigen, mich gesandt, zu verbinden, die gebrochenen Herzens sind, zuzurufen, den Gefangenen: Freiheit! und den Gefesselten: Erlösung! auszurufen ein Jahr der Gnade vom Herrn, und einen Tag der Vergeltung von unserem Gotte, zu trösten alle Trauernden.» Diese Worte hat Jesus zu Anfang seines Wirkens in der Synagoge vorgelesen. Dann rollte er das Buch zusammen, gab es dem Diener wieder, setzte sich und sagte: *Heute ist dieses Schriftwort erfüllt vor euren Ohren* (Lk. 4,16–21). Dieses Prophetenwort klingt auch aus den Seligpreisungen Jesu, in denen er den *geistlich Armen* und den *Demütigen* das *Reich der Himmel* öffnet und den *Trauernden* Trost schenkt. An sie erging die frohe Botschaft Jesu, die darum griechisch «Evangelium» heißt, weil dieses Hauptwort von dem griechischen Verbum abgeleitet ist, das in dem Vers aus Jesaia die Heilverkündung bezeichnet. Das Schriftwort war für Jesus auch die Brücke zwischen seiner Berufung, als er von Johannes im Jordan getauft wurde, und seiner gegenwärtigen Bestimmung: er wußte, daß der Geist des Herrn auf ihn gekommen war, weil der Herr ihn gesalbt hatte, Heil zu künden den Demütigen und den Armen.

Als die Boten Johannis des Täufers hinweggingen, um ihm die Antwort Jesu zu melden, «fing Jesus an, zur Volksmenge von Johannes zu reden: *Was seid ihr hinausgegangen in der Wüste zu schauen? Ein Rohr, das unter den Winden schwankt? Oder was seid ihr hinausgegangen zu sehen? Einen Menschen, der mit weichen Kleidern angetan ist? Siehe, die weiche Kleider tragen, sind in den Häusern der Könige. Wozu denn aber seid ihr hinausgegangen? Einen Propheten zu sehen? Ja, ich sage euch: sogar mehr als einen Propheten! Er ist's, über den geschrieben steht*[46]*: «Da sende ich meinen Boten, daß er den Weg vor mir bahne.» Wahrlich, ich sage euch: Unter denen, die von Weibern geboren sind, erstand keiner dem Johannes gleich – doch der Kleinste im Reich der Himmel ist größer als er. Von ... Johannes ... an bis jetzt bricht das Königreich der Himmel durch, und Durchbrecher reißen es an sich. Denn alle Propheten ... weissagten bis Johannes, und, wenn ihr es annehmen wollt: Er ist Elia, der kommen soll. Wer Ohren hat, der höre!*» (Mt. 11,7–15).

Buber hat einmal gesagt: wenn man fähig ist zu lauschen, kann man aus den späten Berichten der Evangelien die Stimme Jesu heraushören.[47] Diesen echten Klang meint man zu vernehmen, wenn man die Rede Jesu über den Täufer liest. Sie ist gleichzeitig einfach und abgründig, naiv und voll von Paradoxen, stürmisch und ruhig zugleich. Kann man zu ihrem letzten Sinn überhaupt gelangen?

Jesus wendet sich an die Menschen, die in die Wüste zu dem neuen Propheten pilgern. Dort ist nicht der Ort für Höflinge, die, mit weichen Kleidern angetan, in den Häusern der Könige wohnen und sich wie ein Schilfrohr nach dem Winde beugen und bücken. Man merkt: das Bild ist einer bekannten äsopischen Fabel entnommen, die auch den Rabbinen bekannt war[48]: das Schilfrohr überdauert den Sturm, weil es sich nach dem Winde wendet, doch ein starker Baum, der sich vor dem Winde nicht beugen will, wird oft vom Sturme entwurzelt. Jetzt weiß man, wohin Jesus mit seinem Hohn zielt: auf den Herodes Antipas mit seinen verweichlichten Höflingen, gegen den der unbeugsame, furchtlose Wüstenprediger, mit einem Kleid von Kamelhaaren angetan, seine Strafpredigt richtet. Es ist wohl kein Zufall, daß Jesus eine äsopische Fabel umgemünzt hat. Er hat offensichtlich den Tetrarchen und seinen Hof als eine Art «Farm der Tiere» gesehen; später nennt er einmal den Herodes Antipas äsopisch *den Fuchs* (Lk. 13,32).

Nach Jesus ist Johannes ein Prophet, und wenn man es so will, ist er der endzeitliche Wegbereiter Gottes, der wiedergekommene Elia. Das Kommen Johannis ist der Anfang der Endzeit, der entscheidende Einschnitt in der Geschichte der Welt: alle Propheten weissagten nur bis Johannes, aber von nun an *bricht das Königreich der Himmel durch, und Durchbrecher reißen es an sich.* Das rätselhafte Wort

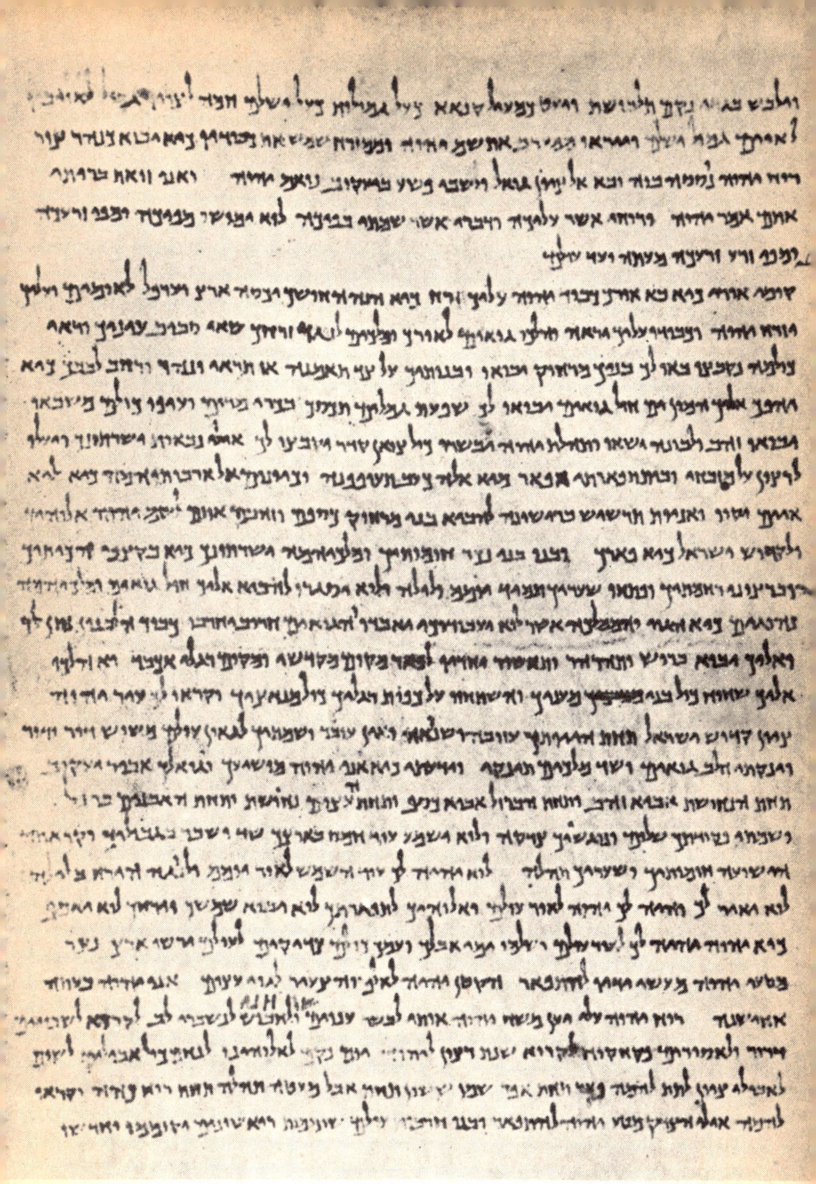

Schriftrolle mit den Worten des Propheten Jesaia (61,1–2), die Jesus auf sich bezog. Aus den Kumran-Funden

hängt mit dem Ausspruch des biblischen Propheten Micha (2,13) zusammen. «Nun steigt der Durchbrecher vor ihnen, sie brechen durch, ziehen ins Tor und heraus, ihr König zieht ihnen voran, der Herr selber ihnen zu Häupten.» Ein mittelalterlicher Kommentator[49] hat zu diesem Vers die folgende alte Erklärung erhalten: «Der ‹Durchbrecher› ist Elia und ‹ihr König›, das ist der Sproß Davids.» Nach dieser Erklärung des Prophetenwortes, die anscheinend schon Jesus gekannt hat, wird zuerst Elia die Bresche schlagen und es werden ihm die Durchbrecher folgen, zusammen mit dem König Messias. Nach Jesus ist schon Elia-Johannes gekommen, und darum kann jetzt das Königreich der Himmel durchbrechen und die Menschen, die den Mut zur Entscheidung haben, reißen es schon jetzt an sich. Wir werden noch über diese Worte Jesu einiges zu sagen haben.

Durch das Kommen Johannis brach also das Reich der Himmel durch, doch obzwar er der Größte unter den Menschenkindern ist, ist der Kleinste im Reich der Himmel größer als er. Johannes der Täufer schlug sozusagen die Bresche, durch welche das Königreich Gottes einbricht, aber er selbst gehört dem Königreich nicht an. Vielleicht kann man es so sagen: der Täufer gehört eigentlich noch zum letzten Geschlecht, aber nicht zu dem neuen messianischen Reich. Diese paradoxe Erkenntnis, die Jesus vielleicht durch den Inhalt der himmlischen Stimme bei der Taufe gewonnen hat, band ihn zugleich an den Täufer und legte ihm eine selbständige Aufgabe auf. Jesus konnte nicht ein Jünger Johannis werden, sondern er mußte selbst, durch die Dörfer am See Galiläas ziehend, *das Reich der Himmel* verkünden.

Jetzt verstehen wir, warum Jesus seine Antwort auf die Anfrage des Täufers mit einer Warnung schloß: *Selig, wer an mir nicht irre wird!* Das hebräische Verbum, das damals im erweiterten Sinn «zur Sünde verleitet werden, im rechten Verständnis des Willens Gottes irren» bedeutete, heißt wörtlich «straucheln». Um mit einer späteren Quelle zu reden (1 Petr. 2,7–8): Jesus ist sozusagen der Prüfstein, für die Gläubigen ein Eckstein und für die Ungläubigen ein Stein des Anstoßes und ein Fels des Strauchelns (vgl. auch Lk. 20,18). Als der Täufer an Jesus seine Anfrage richtete, hat Jesus mit Recht geahnt, daß Johannes der Täufer den Weg mit ihm nicht gehen könne, weil er, der Größte unter dem letzten Geschlecht, zum Königreich Gottes nicht gehöre – und vielleicht hat Jesus für diese Annahme auch konkrete Anzeichen gehabt. Die Reaktion des Täufers auf die Botschaft Jesu ist nicht überliefert, und die Bewegung um den Täufer blieb neben der Gemeinschaft Jesu und später neben dem jungen Christentum selbständig und unabhängig bestehen.

Wie wir gesehen haben, meinten viele, Johannes sei der wiedergekommene Elia. Schon nach dem Alten Testament ist Elia nicht gestorben, sondern gen Himmel gefahren. Konnte er also, der Unsterbliche, wenn er am Ende der Zeiten als Johannes wiedergekommen ist, durch die Hand Herodis unwiderruflich gestorben sein? Tatsächlich hat es Menschen gegeben, die geglaubt haben, Johannes der Täufer sei vom Tode auferstanden (Mk. 6,14) und ihn in Jesus wiedererkannten. Daß manche Johannes-Jünger den Glauben an den auferstandenen Meister geteilt haben, liegt auf der Hand. Der Sinn der Predigt Johannis schließt die Möglichkeit aus, daß er sich selbst als den Messias verstanden hätte: er hoffte auf den Stärkeren, der noch kommen wird (Lk. 3,16). Doch gab es unter seinen Jüngern wohl schon zu seinen Lebzeiten auch solche, die mit dem Gedanken spielten, ihr Herr selbst sei der Stärkere. Der Glaube an die Messianität des Täufers ist jedenfalls nach seinem Tode bezeugt. Da er aus einem Priestergeschlecht stammte, hielt man ihn sicher nicht für den davidischen, sondern für den priesterlichen Messias.

Aus der Logik der Berichte ergibt sich, daß der Täufer dem Herodes ziemlich bald gefährlich erscheinen mußte, und deshalb wird dieser ihn nicht lange in Frieden gelassen haben. Und auch das Wirken Jesu nach der Verhaftung und Enthauptung des Täufers ist offenbar zeitlich sehr begrenzt gewesen. Der Fuchs Herodes hat nicht geschlafen. Nachdem er Johannes köpfen ließ, «hörte der Tetrarch Herodes das Gerücht über Jesus und sagte zu seinen Höflingen: Dieser ist Johannes der Täufer; er ist von den Toten auferstanden!» (Mt. 14,1) Später haben einige Pharisäer Jesus gewarnt, Herodes trachte ihm nach dem Leben. Jesus ließ darauf dem Herodes mitteilen, daß er noch zwei oder drei Tage in der Gegend verweilen, aber dann nach Jerusalem wandern werde, *denn es darf kein Prophet umkommen außerhalb Jerusalems* (Lk. 13,31–33). Daß Herodes Antipas an der Kreuzigung mitschuldig war, wird sich noch zeigen.

Nach der Hinrichtung des Täufers hat Jesus in einem tiefen, leider nicht ganz im ursprünglichen Wortlaut erhaltenen Ausspruch seinen Jüngern auf die tragische Verwandtschaft zwischen der Hinrichtung Johannis und seinem eigenen drohenden Ende hingewiesen. «Und die Jünger fragten ihn: ‹Was sagen nun die Schriftgelehrten, zuvor müsse Elia kommen?› Er aber antwortete und sprach: *Wohl kommt Elia und wird alles herstellen. Ich sage euch aber: Elia ist schon gekommen und sie haben ihn nicht erkannt, sondern haben an ihm getan, was sie wollten. So ist auch der Sohn des Menschen daran, durch sie zu leiden.*» Und Matthäus setzt fort: «Da verstanden die Jünger, daß er zu ihnen von Johannes dem Täufer redete» (Mt. 17,10–13).

Früher, am Anfang seiner Tätigkeit, als noch der Täufer in der Wüste predigte, hat sich Jesus mit Johannes verglichen: *Wem soll ich dieses Geschlecht vergleichen? Kindern gleicht es, die auf den Markt-*

plätzen sitzen und den andern zurufen: Wir haben euch gepfiffen und ihr habt nicht getanzt; wir haben Klagelieder gesungen und ihr habt nicht getrauert.[50] *Denn es kam Johannes, er ißt nicht und trinkt nicht, und da sagt man: er hat einen bösen Geist. Da kam ein Menschensohn, er ißt und trinkt, und man sagt: Schau, ein Schlemmer und Zecher, Freund mit Zöllnern und Sündern! Und gerechtfertigt ward die Weisheit aus ihren Werken* (Mt. 11,16–19). Man kann es niemandem recht machen: über den asketischen Wüstenprediger Johannes sagt man, er sei verrückt – später hat man auch über Jesus gesagt, er sei vom bösen Geist besessen –, und an dem weltoffenen Jesus mäkelt man auch. Indirekt lernen wir aus dem Ausspruch Jesu, daß der Inhalt der Verkündung der beiden Männer mit ihrem Charakter zusammenhing: die Frohbotschaft der Liebe bei Jesus mit seiner sokratischen Natur und die Bußpredigt Johannis mit seiner düsteren Neigung zur Askese.

DAS GESETZ

Paulus und sein Gefolge «zogen dann durch Phrygien und das galatische Land, vom heiligen Geist gehindert, das Wort in der Asia zu sagen. Als sie Mysien durchzogen haben, kamen sie nach Troas hinab. Und nachts erschien dem Paulus ein Gesicht: ein Mazedonier stand da und bat ihn: ‹Komm herüber nach Mazedonien und hilf uns!›» (Apg. 16,6–10)

Diese Episode der Heidenmission Pauli hat einen tiefen Sinn: es ist der Wille Gottes, daß sich das Christentum nach Europa verbreite. Dadurch wurde das Christentum zu einer griechisch-römischen und später zu der europäischen Religion. Im Gegensatz zum Judentum und zu den ostasiatischen Religionen, vom antiken Persien beginnend, ist die westliche Kultur nicht an rituelle oder zeremonielle Vorschriften gebunden, an «Speisen und Getränke und allerlei Waschungen» (Hebr. 9,10), denn nach dem europäischen Verständnis kann man alles essen, «was auf dem Fleischmarkte verkauft wird, ohne um des Gewissens willen etwas zu untersuchen; denn des Herrn ist die Erde und das, was sie erfüllt» (1. Kor. 10,25–26). Eine der Aufgaben des Paulinismus und anderer Richtungen im Urchristentum war, Argumente zum ideologischen Überbau für diese «gesetzesfreie» Auffassung zu liefern. Im Laufe der Geschichte des Christen-

Moses.
Aus der Synagoge von Dura Europos. Um 243 n. Chr.

tums änderte sich zwar der Überbau, aber im ganzen mußte er bestehen bleiben, denn die «gesetzesfreie» Lebensauffassung ist für die europäische Zivilisation bezeichnend. Würde sich das Christentum zuerst nach den östlichen, asiatischen Gegenden verbreitet haben, dann hätte es aus jüdischen Geboten ein rituelles Zeremonialgesetz entwickeln müssen, um dort zu einer genuinen Religion zu werden.

Es wäre also verfehlt, ein echtes Verständnis den vielen christlichen Denkern und Forschern zu verweigern, die mit der Tatsache fertig werden müssen, daß der Gründer ihrer Religion ein gesetzestreuer Jude war, der nie vor der Notwendigkeit gestanden ist, sein Judentum der europäischen Lebensweise anzupassen. Es gibt natürlich bei Jesus eine ihm eigentümliche Problematik in seiner Beziehung zum Gesetz und seinen Geboten, aber diese entsteht bei einem jeden gläubigen Juden, wenn er sein Judentum ernst nimmt. Wir werden sehen, wie die Stellung Jesu zum Gesetz in den Evangelien durch eine neue Beleuchtung und durch spätere Übermalungen manchmal unkenntlich wurde. Aber noch in unseren synoptischen Evangelien, wenn sie aus ihrer Zeit heraus gelesen werden, wird noch das Bild des gesetzestreuen Juden Jesus bewahrt.

Es ist kaum bekannt, daß der synoptische Jesus nie gegen die damalige Gesetzespraxis verstößt – mit der einzigen Ausnahme, nämlich dem Ährenraufen am Sabbat. Am nächsten dem ursprünglichen Bericht ist da Lukas (6,1–5): «Es begab sich aber, daß er an einem Sabbat durch die Saaten wanderte, und seine Jünger rissen Ähren ab und aßen sie, indem sie sie mit den Händen zerrieben. Da sagten ihm[51] etliche von den Pharisäern: ‹Warum tun sie[51], was am Sabbat nicht erlaubt ist?›» Die allgemeine Auffassung war, daß man am Sabbat abgefallene Ähren nur mit den Fingern zerreiben darf, aber nach der Ansicht Rabbi Jehudas, der wie Jesus ein Galiläer war, darf man das auch «mit der Hand» tun.[52] Etliche von den Pharisäern bemäkelten also die Jünger Jesu, die offenbar nach ihrer galiläischen Gesetzestradition gehandelt haben. Der griechische Übersetzer des Urberichtes war nun mit den Sitten des Volkes nicht vertraut, und um die Szene zu veranschaulichen, fügte er das Abreißen der Ähren hinzu, nicht ahnend, daß er dadurch den einzigen Verstoß gegen das Gesetz in die synoptische Tradition eingefügt hat.

Im Falle des Händewaschens vor dem Essen ist die synoptische Tradition an dem Mißverständnis unschuldig. Das Gebot des Händewaschens gehört eigentlich weder zur schriftlichen noch zur mündlichen Lehre, und zur Zeit Jesu galt der Satz: «Das Händewaschen vor der Mahlzeit ist Sache des freien Beliebens, aber das Wasser nach der Mahlzeit ist Pflicht.»[53] Es handelt sich bei dieser Sitte um eine rabbinische Bestimmung, die vielleicht erst eine Generation vor Jesus getroffen wurde. Sogar der «verstockteste» unter den damaligen Dorfpharisäern würde verständnislos den Kopf schütteln, wenn jemand behauptet hätte, daß dadurch, daß die Jünger Jesu sich nicht immer die Hände vor dem Essen gewaschen haben, Jesus mit dem Gesetze Mosis gebrochen hat. Vom Standpunkt der Rangordnung jüdischer Gebote gesehen, haben die Schriftgelehrten im Gespräch mit Jesus das Händewaschen nur eine «Überlieferung der Alten» (Mk. 7,5) genannt. Auch Jesus sprach nach den Begriffen seiner Zeit, wenn er die rabbinische Bestimmung des Händewaschens – die damals nicht verpflichtend war – als eine «Überlieferung der Menschen» (Mk. 7,8) bezeichnet hat, gegenüber den Geboten Gottes der schriftlichen und mündlichen Lehre.

Die Bestimmung des Händewaschens vor dem Essen war schon deshalb damals nicht allgemein verpflichtend, weil sie zu jenen Reinheitsvorschriften gehört hat, die nicht für alle Juden galten, sondern die bestimmte Gruppen von Juden freiwillig für das ganze Leben auf sich genommen haben. Der Grad und das Ausmaß dieser Verpflichtungen war verschieden; streng genommen waren die Pharisäer eine Genossenschaft, deren Regeln der rituellen Reinheit viel leichter waren als die der essenischen Gemeinde. Darum ist es verständlich, daß Jesus in der Debatte über das Händewaschen gleich diese Kategorie von Reinigungen allgemein ins Auge gefaßt hat: *Nicht das, was in den Mund kommt, macht den Menschen unrein, sondern was aus dem Mund herauskommt, das macht den Menschen unrein* (Mt. 15,11). Der Spruch Jesu hat also mit einer vermeintlichen Aufhebung der Gebote des Judentums nichts zu tun, sondern gehört zu der Kritik Jesu gegenüber den Pharisäern. Die allgemeine Wahrheit, daß gerade das strikte Wahren ritueller Reinheit eine moralische Laxheit fördern kann, galt auch für die Tage Jesu. Ein damals lebender jüdischer Verfasser[54] hat sicherlich die Pharisäer gemeint, als er über «verderbliche und frevelhafte Menschen» gesprochen hat, «die sagen, sie seien gerecht... die sich selbst gefallen, verstellt in all ihrem Wandel... Ihre Hände und Herzen werden Unreines treiben und ihr Mund groß prahlen – und doch werden sie dabei sagen: Rühre mich nicht an, damit du mich nicht verunreinigst.» Auch hier wie bei Jesus wird der Gegensatz zwischen dem moralisch unreinen Denken und Sprechen gegenüber der Sucht nach ritueller Reinheit hervorgehoben. Über dasselbe hat Jesus ein anderes Mal gesagt: *Wehe euch, ihr Schriftgelehrten und Pharisäer, ihr Heuchler, daß ihr die Außenseite des Bechers und der Schüssel reinigt, inwendig aber sind sie gefüllt mit Raub und Unmäßigkeit. Du blinder Pharisäer, mache zuerst den Inhalt des Bechers rein, damit auch seine Außenseite rein wird!* (Mt. 23,25–26) Er nannte sie auch *blinde*

Führer, welche die Mücke seihen, das Kamel aber verschlucken (Mt. 23,24). Das letzte Wort klingt sprichwörtlich, und vielleicht hat auch den Spruch über das, was den Menschen wirklich unrein macht, nicht erst Jesus geprägt.

Da man diesen Spruch, nicht ganz mit Unrecht, für wichtig hält, sollte man doch nach seinem Sinn im Munde Jesu fragen. Jesus pflegte, wie es Sitte war, Segenssprüche über Wein und Brot zu sprechen. Hat er gleichzeitig gemeint, die Gegenstände selbst seien religiös indifferent? Einige Jahrzehnte später sagte Rabban Jochanan ben Sakkai zu seinen Schülern: «Bei eurem Leben, nicht der Tote verunreinigt und nicht das Wasser macht rein, aber es ist die Verordnung des Königs aller Könige; Gott hat gesagt: Eine Satzung habe ich festgesetzt, eine Verordnung habe ich verordnet; kein Mensch ist berechtigt, meine Verordnung zu übertreten; denn es heißt[55]: ‹Dies ist die Satzung der Thora, die der Herr geboten hat.›»[56] So würde Jesus nicht gesprochen haben, das wäre für ihn unter anderem zu rationalistisch. Vorläufig wird man nun sagen können, daß für Jesus der moralische Wert bei weitem jeden rituellen Wert überschattet, aber

Inschrift aus einer antiken Synagoge in Jerusalem

das ist sicher nicht die letzte Wahrheit – und wollte denn Jesus überhaupt in solchen scharfen, theoretischen Kategorien denken?

Beim Händewaschen[57] und Ährenraufen sind es die Jünger, nicht der Meister, die weniger streng in der Gesetzespraxis sind. Auch das wird gewöhnlich nicht beachtet. Und als der Meister auf die Nachlässigkeit der Schüler aufmerksam gemacht wird, nimmt er nicht nur die Schüler in Schutz, sondern antwortet mit einem frontalen Angriff, der in seiner Strenge dem kleinen Vorfall nicht angemessen ist. Jesus ergreift also die Gelegenheit, eine prinzipielle Frage zu klären. Dabei sind seine Antworten nicht so revolutionär, wie es einem uneingeweihten Beobachter scheinen würde. Das Wort über das Reine und Unreine ist fast eine moralische Volksweisheit, und der Kernspruch Jesu bei der Debatte um das Ährenraufen am Sabbat ist ganz im Sinne der gemäßigten Schriftgelehrten. Jesus sagte damals unter anderem: *Der Sabbat ist um des Menschen willen erschaffen worden und nicht der Mensch um des Sabbats willen – somit ist der Mensch Herr auch über den Sabbat* (Mk. 2,27–28). Auch die Schriftgelehrten sagten: «Euch ist der Sabbat übergeben, nicht aber ihr dem Sabbat.»[58]

Jesus wußte sich auch selbst passende Gelegenheit für seine pädagogischen Angriffe gegen die Stockfrommen zu schaffen. Dies tat er zum Beispiel bei einer Heilung am Sabbat. Um den Verlauf dieses Begebnisses zu verstehen, muß man wissen, daß, wenn nur ein kleiner Verdacht von Lebensgefahr bestand, alle Arten von Heilungen am Sabbat erlaubt waren. Sonst durfte man zwar nicht am Sabbat mechanische Mittel anwenden, aber durchs Wort zu heilen war ausdrücklich in allen, auch ungefährlichen Krankheitsfällen am Sabbat erlaubt. Daran hat sich Jesus nach den synoptischen Evangelien bei seinen Heilungen immer gehalten.[59] Nicht so bei dem historisch weniger interessierten Johannes: er erzählt von der Heilung eines Blinden, die an eine ähnliche Geschichte bei Markus (8,22–26) erinnert. Nach Johannes (9,6) hat Jesu den Mann dadurch geheilt, daß er «auf die Erde spie und einen Teig aus dem Speichel machte und dem Blinden den Teig auf die Augen legte». Und im Unterschied zu Markus fügt noch Johannes hinzu: «Es war aber Sabbat an dem Tage, an dem Jesus den Teig machte und ihm die Augen auftat… Da sagten etliche unter den Pharisäern: Dieser Mensch ist nicht von Gott her, weil er den Sabbat nicht hält» (Joh. 9,14–16). Hätte Jesus wirklich so gehandelt, wäre der Einwand der Pharisäer von ihrem Standpunkt aus verständlich. Doch, wie gesagt, das Anliegen Jesu war nicht, gegen das Gesetz Mosis anzugehen, sondern den Starrsinn der Stockfrommen exemplarisch bloßzulegen. Dazu wußte er sich eine Gelegenheit zu finden. «Es begab sich an einem Sabbat, daß er in eine

Die Heilung des Gelähmten.
Aus der Kirche in Dura Europos. Erste Hälfte des 3. Jahrhunderts

Synagoge eintrat und daselbst war ein Mensch, dessen Hand erstorben war, und sie haben auf Jesus aufgepaßt, ob er am Sabbat heilen würde, damit sie ihn anklagen könnten. Er aber sprach zu ihnen: *Ist es am Sabbat erlaubt, Gutes zu tun?* Und er sagte zu dem Mann: *Strecke die Hand aus!* Und er streckte sie aus, und sie wurde wieder gesund wie die andere. Sie aber wurden ratlos und sprachen untereinander: ‹Was sollen wir mit Jesus tun?›» (Vgl. Lk. 6,6–11).

Jesus, als Heiltäter schon bekannt, trifft am Sabbat in einer Synagoge einen Mann, dessen Hand erstorben war, der also chronisch und nicht gefährlich krank ist. Wird nun Jesus diesen Mann heilen? Das tat er allerdings, aber durch Worte, was eine erlaubte Handlung war. Dabei hat er sowohl durch diese Tat als auch durch seinen Spruch gezeigt, was der Sinn des Sabbats ist. Natürlich reizte er dadurch die Frömmler, die ihn bei einer verbotenen Handlung nicht ertappen konnten. Übrigens waren in dem ursprünglichen Bericht die Pharisäer ausdrücklich nicht erwähnt.[60] Dieser klare Tatbestand wurde nun durch Markus sinnlos verzerrt – und dem Markus folgte dann Matthäus. Anstatt mit der ohnmächtigen Ratlosigkeit der Frömmler endet dort die Geschichte so: «Und die Pharisäer gingen gleich hinaus und faßten mit den Herodianern einen Beschluß wider ihn, ihn umzubringen.» Das ist ein klarer Hinweis auf die künftige Kreuzigung (vgl. Mk. 15,1). Eine solche Reaktion der Pharisäer wäre sehr unwahrscheinlich. Selbst die Ärgsten unter ihnen würden nicht beschlossen haben, Jesus zu vernichten, weil er am Sabbat eine – noch dazu erlaubte – Heilung vorgenommen hat. Darum ist in diesem Fall Lukas (6,11) vorzuziehen.

Jesus hat also die sittliche Seite des Lebens gegenüber der rein formellen Seite der Gesetzespraxis hervorgehoben. Wir werden diese vorläufige Feststellung ein wenig vertiefen können, wenn wir die Gesetzesfragen verlassen und zwei andere Streitgespräche Jesu erwähnen. Das erste hat einen ähnlichen kämpferischen Unterton wie das Wort Jesu bei der Heilung der erstorbenen Hand. «Und siehe, da brachten sie zu ihm einen Gelähmten, der auf einem Bette lag. Und als Jesus ihren Glauben sah, sagte er: *Mein Sohn, deine Sünden sind dir vergeben.* Und siehe, etliche der Schriftgelehrten sagten bei sich selbst: ‹Dieser lästert! Wer kann Sünden vergeben außer Gott allein?› Und da Jesus ihre Gedanken erkannt hat, sprach er: *Was macht ihr euch da für Gedanken in euren Herzen? Was ist leichter? zu sagen: Deine Sünden sind dir vergeben? oder zu sagen: Steh auf und geh umher? Damit ihr aber wißt, daß der Mensch*[61] *Vollmacht hat, auf Erden Sünden zu vergeben* – sprach er zu dem Gelähmten: *Steh auf, nimm dein Bett und gehe heim!* Und er stand auf und ging heim. Und alle erschraken und priesen Gott, der solche Vollmacht den Menschen gegeben» (vgl. Mt. 9,1–8).

Wie in der Geschichte von der Heilung der erstorbenen Hand verband Jesus bei der Heilung des Gelähmten Wort und Tat. Die Heilung war da kein Selbstzweck, sondern ein schlagender Beweis für eine Lehre. Da man geglaubt hat, die Krankheiten seien eine Folge von begangenen Sünden, kann das Vergeben von Sünden schon die Heilung bedeuten. Durch die Heilung des Gelähmten bewies Jesus, daß Gott dem Menschen die Macht verliehen hat, aus seiner eigenen Kraft Sünden zu verzeihen, die in keiner Beziehung mit dem Verzeihenden stehen! Wichtig ist auch, daß Jesus die Sünden dem Kranken vergeben hat, nachdem er bei den Anwesenden, und anscheinend auch bei dem Kranken, den Glauben gesehen hat. In den ursprünglichen Worten Jesu ist nie die Rede von einem Glauben an Jesus selbst, wie er dann im Christentum selbstverständlich wurde, aber die Macht des Glaubens an sich hat schon Jesus erkannt. *Wenn ihr Glauben habt wie Senfkorn, so werdet ihr zu diesem Berge sagen: Rücke von hier weg dort hinüber – und er wird fortrücken* (Mt. 17, 20).

Der siebenarmige Leuchter.
Münze des Mattathias Antigonos, 40–37 v. Chr.

Auch in dem anderen Streitspruch handelt es sich um Verzeihen von Sünden. Jesus wurde verdächtigt, daß ihm seine Heilungen deshalb gelangen, weil er die Geister durch Beelzebub, den Geisterfürsten, vertreibe. Auf diese Beschuldigung antwortete er unter anderem: *Ein jeder, der etwas gegen den Menschen spricht, dem wird vergeben, wer aber gegen den heiligen Geist spricht, dem wird nicht vergeben weder in dieser Welt, noch in der kommenden* (Mt. 12,32). Das Wort, das Parallelen im jüdischen Schrifttum hat[62], ist schon darum bedeutend, weil Jesus sich im Besitz des Heiligen Geistes seit seiner Taufe weiß. Wichtig ist das Wort auch, weil es uns wieder zeigt, worauf Jesus in seinen Streitgesprächen, auch in solchen, in denen es um die Gesetzespraxis ging, hinweisen will. Wir sehen: es geht um den Menschen, seine Sünde und seine Vollmacht.

Im Laufe der mündlichen und schriftlichen Überlieferung werden die Gegenspieler in den Streitgesprächen Jesu immer schärfer profiliert – und immer mehr verzeichnet. Wenn sie auch manchmal im ursprünglichen Bericht anonyme, selbstberufene Stützen der örtlichen Bigotterie waren, so werden sie jetzt direkt als Schriftgelehrte und Pharisäer bezeichnet.[63] Es lohnt sich, die fortschreitende Entwicklung der Texte zu verfolgen, um zu sehen, wie die Gegenspieler

Jesu immer mehr zu seinen Gegnern werden, die von einer abgrundtiefen Bosheit beseelt sein können, und schließlich wird es ihr einziges Ziel, Jesus zu Fall zu bringen und ihn zu vernichten.

Mit einem gewissen Recht kann man allerdings die Gesprächspartner Jesu als Pharisäer bezeichnen. Im engeren Sinn aber waren die Pharisäer eine Gemeinde, deren Mitglieder, wie gesagt, freiwillig bestimmte Reinheitsvorschriften und andere Verpflichtungen auf sich genommen haben. Die pharisäische Gemeinde zählte zur Zeit Jesu annähernd 6000 Mitglieder. Ihr Beginn reicht in das zweite vorchristliche Jahrhundert. In der stürmischen Geschichte jener Tage stellten sich die Pharisäer gegen das makkabäische Herrscherhaus, das sich mit der religiös-politischen Richtung der Sadduzäer verbunden hatte, verwickelten sich in Bürgerkriege, und das Ende war, daß die Sadduzäer zur Zeit Jesu eine kleine, aber mächtige Gruppe der Priesteraristokratie im Tempel von Jerusalem bildeten, wogegen die Pharisäer die Lehrer des ganzen Volkes geworden waren. Dies gelang ih-

Ossuarium aus der Umgebung von Jerusalem

Münze des Alexander Jannaeus, 103–76 v. Chr.

nen, weil sie sich bewußt mit dem Volksglauben identifiziert haben: die pharisäische Weltanschauung entsprach im Grunde dem nichtsektiererischen, allgemeinen Judentum, wogegen die Sadduzäer, wenn man so sagen darf, zu einer kontrarevolutionären Gruppe geworden sind; sie haben die Gültigkeit der mündlichen Überlieferung geleugnet und den Glauben an das ewige Leben als ein Ammenmärchen angesehen. Die Pharisäer sind zwar nicht identisch mit den Schriftgelehrten, den späteren Rabbinen, aber praktisch können sie als eine Einheit angesehen werden.

Wir kennen nun zwei Menschen, die sich selbst als Pharisäer bezeichnet haben, nämlich den Historiker Flavius Josephus [64] und Paulus [65], und diese sind für den Pharisäismus nicht ganz typisch. Die Rabbinen werden in ihrer Literatur kaum Pharisäer genannt. Zum Beispiel der Lehrer Pauli, Rabban Gamaliel, heißt so nur in der Apostelgeschichte (5,34) und sein Sohn Simon nur bei Josephus [66]. Das rührt zumindest teilweise daher, daß die Bezeichnung «Pharisäer» meistens mit einem negativen Inhalt geladen war.

Wenn man damals «Pharisäer» sagte, dachte man gleich an einen religiösen Heuchler. Der sadduzäische König Alexander Jannäus warnte vor dem Tode seine Frau nicht vor den eigentlichen Pharisäern, sondern vor den «Gefärbten, deren Taten wie die des Simri sind und dabei einen Lohn wie Pinchas[67] verlangen»[68]. Der sadduzäische König sprach von den «Gefärbten», die Essener nannten die Pharisäer «Tüncher»[69], und Jesus sagte: *Wehe euch, ihr Schriftgelehrten und Pharisäer, daß ihr ähnlich seid getünchten Gräbern, die auswendig anmutig aussehen, inwendig aber sind sie voll von Totengebeinen und lauter Unreinheit. So erscheint auch ihr auswendig den Menschen als gerecht, inwendig aber seid ihr voll von Heuchelei und Frevel* (Mt. 23,27–28). Der sadduzäische König unterschied zwischen den bösen Taten der «Gefärbten» und ihrem Anspruch, als Gerechte geschätzt zu sein. Auch die Essener verurteilten die Werke der Pharisäer: «Und sie verführen Dein Volk, denn glatte Reden führen sie ihnen. Trugdeuter haben sie verleitet und einsichtslos kommen sie zu Fall, denn in Trug sind ihre Werke.»[70] Und Jesus sah die Heuchelei der Pharisäer in dem Gegensatz zwischen ihrer Lehre und ihren *Werken, denn sie sagen und tun nicht* (Mt. 23,3).

Merkwürdig ist, daß sich dieselbe antipharisäische Polemik auch in der rabbinischen Literatur befindet, die ja eigentlich pharisäisch ist. Die talmudische Liste der sieben Arten der Pharisäer[71] ist eine fünffache Variation über das Thema Heuchelei – die letzten zwei Typen der Heuchelei wurden durch zwei positive Typen der Pharisäer ersetzt. Es ist also kein Zufall, daß in der Pharisäerrede (Mt. 23, 1–36) Jesu siebenmal die Pharisäer mit einem «Wehe» apostrophiert. Der erste Typus der talmudischen Liste ist der «Schulterpharisäer, der die Gebote auf Schultern auflädt»[72] – und Jesus sagte ja auch, die Pharisäer *binden schwere Lasten und legen sie auf die Schultern der Menschen, doch sie selbst wollen sie nicht einmal mit dem Finger bewegen* (Mt. 23,4).

Das essenische Schrifttum ist voll von bittersten Angriffen gegen die pharisäische Partei (ohne daß der Name Pharisäer direkt erwähnt wird). Die Pharisäer werden «gleisnerische Interpreten» genannt, ihre Handlungen sind Heuchelei und durch «ihre trügerische Lehre und lügenhafte Zunge und falsche Lippe» gelang es ihnen, fast das ganze Volk zu verführen.[73] Dabei «verschließen sie vor den Dürstenden den Trank der Erkenntnis und tränken sie mit Essig gegen ihren Durst»[74]. Das erinnert an die Worte Jesu: *Wehe euch, den Gesetzeskundigen, daß ihr den Schlüssel der Erkenntnis weggenommen habt; ihr selbst seid nicht hineingekommen und habt gehindert, die hineingehen wollen* (Lk. 11,52; vgl. Mt. 23,13). Sonst ist aber der Unterschied zwischen dem essenischen Angriff gegen die Pharisäer und der Kritik Jesu sehr groß. Die Essener lehnen die pharisä-

Der Stuhl Mosis, aus einer antiken Synagoge in Galiläa. Archäologisches Museum, Jerusalem

ische Lehre scharf ab, wogegen Jesus gesagt hat: *Auf den Stuhl Mosis haben sich die Schriftgelehrten und die Pharisäer gesetzt. Alles nun, was sie euch sagen, das tut und haltet, aber nach ihren Werken tut nicht, denn sie sagen und tun nicht* (Mt. 23,2–3).

Jesus sah in den Pharisäern die gegenwärtigen Erben Mosis und sagte, man solle ihre Lehre im Leben befolgen. Das ist verständlich, da Jesus, obzwar er, wie wir noch sehen werden, anscheinend auch indirekt vom Essenismus beeinflußt war, doch im Grunde in dem allgemeinen, unsektiererischen Judentum wurzelte, und diese Weltanschauung und Lebenspraxis war die der Pharisäer. Doch wäre es falsch, wenn man Jesus im weiten Sinne einfach als einen Pharisäer bezeichnen würde. Selbst wenn seine Kritik der Pharisäer nicht so feindlich ist wie die der Essener, und nicht so ablehnend, wie die der zeitgenössischen Schrift, die wir oben angeführt haben, sieht er doch die Pharisäer sozusagen von außen und identifiziert sich nicht mit ihnen. Wir werden noch über die notwendige Spannung zwischen dem charismatischen Wundertäter Jesus und dem institutionellen Judentum sprechen; wir dürfen auch nicht vergessen, daß das revolutionäre Element seiner Predigt vom Reiche diese Spannung noch betonte. Es wird sich auch zeigen, wie die eigentliche Lehre Jesu die Stützen der Gesellschaft als solche in Frage stellt. Aber all dies machte die Spannung nicht zu einem Gegensatz und artete nicht in Feindschaft aus.

Auch wenn es nicht möglich wäre, durch philologische Methode die Retuschen in unseren Quellen leicht zu entfernen, wäre eine wahre Feindschaft der «Pharisäer und Schriftgelehrten» gegen Jesus, die angeblich seinen Tod mitverursacht hat, sehr schwer verständlich. Natürlich gab es unter den Pharisäern verschiedene kleine Geister – und wo gibt es solche nicht? –, denen der wunderliche Mann suspekt war und die ihn gerne bei einer verbotenen Handlung ertappt hätten, um ihn vors rabbinische Gericht zu bringen, aber Jesus gelang es immer, seine Meinung zu sagen, ohne ihnen einen Anhaltspunkt zur Verfolgung zu bieten. Wer aber die Schriftgelehrten der damaligen Zeit kennt, weiß, daß ihre Führer zwar nicht fehlerlos, aber sicher nicht kleinlich waren.

Hätte Jesus in den stürmischen Tagen der letzten makkabäischen Könige gelebt, wäre es allerdings möglich gewesen, daß er von den Pharisäern verfolgt worden wäre, weil er das Haupt einer messianischen Bewegung gewesen ist. Als die Pharisäer unter der Königin Salome Alexandra zur Macht gelangten, haben sie beileibe nicht ihre sadduzäischen Gegner geschont, und aus den Rollen vom Toten Meer wissen wir jetzt, daß sie auch gegen die Essener regelrechte Verfolgungen entfesselt haben. Doch das gehörte damals einer Vergangenheit an, derer sich die pharisäischen Zeitgenossen Jesu geschämt haben. Darüber gibt es ein schönes Wort Jesu: *Wehe euch, ihr Schriftgelehrten und Pharisäer, ihr Heuchler, daß ihr die Gräber der Propheten baut und die Grüfte der Gerechten schmückt und sagt: Hätten wir in den Tagen unserer Väter gelebt, wir hätten uns nicht mit ihnen am Blute der Propheten schuldig gemacht – und dadurch bezeugt ihr ja selbst, daß ihr die Söhne der Prophetenmörder seid* (Mt. 23, 29–31).[75]

Das Zeugnis, das Jesus unwillkürlich den Pharisäern seiner Zeit ausgestellt hat, wird durch die Berichte über den Prozeß Jesu bestätigt. Es wurde vielfach nicht bemerkt, daß die Pharisäer, die so oft in den Evangelien als Gegner Jesu erwähnt sind, in allen synoptischen Berichten über den sogenannten Prozeß Jesu abwesend sind. Daß es leicht gewesen wäre, in diese ziemlich späten Berichte das Wort «die Pharisäer» einzuschmuggeln, zeigt der weniger historische Johannes, der sich nicht gescheut hat, über die Verhaftung Jesu zu schreiben: «So nahm denn Judas die Kohorte nebst Dienern von den Hohepriestern und den Pharisäern, und kommt dahin mit Fakkeln und Lampen und Waffen» (Joh. 18,3).

Vielleicht wird die Ursache, warum nicht nur die alten Berichte, sondern auch die drei ersten Evangelien bei dem Prozeß Jesu die Erwähnung der Pharisäer gemieden haben, klarer, wenn wir uns an die Rolle der Pharisäer in den ersten Jahrzehnten der christlichen Gemeinde erinnern werden. Als die Apostel von dem sadduzäischen Hohepriester verfolgt wurden, hat sich ihrer der Pharisäer Rabban Gamaliel angenommen und sie gerettet (Apg. 5,17–42). Als man Paulus vor den Hohen Rat in Jerusalem brachte, rettete er sein Leben, indem er sich auf die Pharisäer berief (Apg. 22,30–23,10). Als dann im Jahre 62 der Herrnbruder Jakobus, und anscheinend noch einige andere Christen, widerrechtlich durch den sadduzäischen Hohepriester hingerichtet wurden, wandten sich die Pharisäer an den König – und der Hohepriester wurde abgesetzt.[76]

Wenn man den letzten Vorfall zusammen mit den zwei früheren betrachtet, wird man sich kaum des Eindrucks erwehren können, daß die Pharisäer die Verfolgungen der ersten Christen durch den sadduzäischen Priesteradel als einen weiteren Beweis für die offensichtlich ungerechte Grausamkeit dieser Menschengruppe betrachteten und daß sie daraus eine moralisch-politische Waffe gegen die sadduzäische Priesterschaft geschmiedet haben – und Politik ist nicht immer eine schlimme Sache. Daraus erklärt sich der anscheinend konsequente pharisäische Widerstand gegen die Christenverfolgungen durch die sadduzäischen Hohepriester, der sogar einem von ihnen sein Amt gekostet hat. Der Grund, warum die ersten Christen zu einem Zankapfel zwischen den zwei jüdischen Parteien geworden sind, wird darin liegen, daß die Pharisäer schon in der Auslieferung Jesu an die Römer einen Akt hohepriesterlicher Willkür gesehen haben. Man wird also annehmen können, daß die Pharisäer als Ankläger Jesu bei seinem Prozeß in den ersten drei Evangelien deshalb nicht vorkommen, weil man damals – noch in den achtziger Jahren des 1. Jahrhunderts – gewußt hat, daß die Pharisäer mit der Auslieferung Jesu an die Römer nicht einverstanden waren. Die synoptischen Evangelien konnten wahrscheinlich bei dem Prozeß Jesu die Pharisäer nicht nennen, weil man sonst ihren Berichten nicht getraut hätte. Die Tatsache des pharisäischen Protestes konnten sie auch nicht bringen, weil sie die früheren Geschichten Jesu antipharisäisch stilisiert haben.

Wie sonderbar sind oft die Wandlungen einer Bewegung im Laufe ihrer Geschichte! Schon im 2. Jahrhundert waren Christen jüdischen Ursprungs, die weiter nach dem Gesetze Mosis gelebt haben,

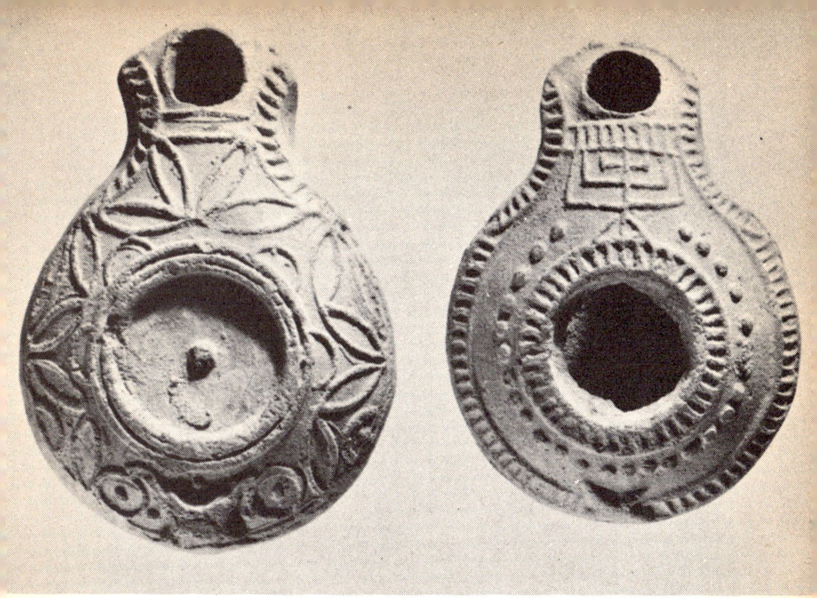

Jüdische Lampen aus römischer Zeit.
Die rechte Lampe zeigt den siebenarmigen Leuchter

verpönt[77], und später waren die Gebote des Alten Bundes allen Christen verboten – obwohl Jesus gesagt hatte: *Wahrlich, ich sage euch: bis der Himmel und Erde vergehen, wird kein einziger Jota oder Strichlein vom Gesetz vergehen.*[78] *Wer nun eines dieser leichtesten Geboten aufhebt und die Menschen so lehrt, leicht wird er genannt werden im Reiche der Himmel. Wer sie aber tut und lehrt, der wird groß genannt werden im Reiche der Himmel* (Mt. 5,18–20).

Das Aufheben der jüdischen Gebote in der Kirche hängt damit zusammen, daß inzwischen das Christentum zu einer Religion der Nichtjuden geworden ist. Das konnte auch darum geschehen, weil in der antiken Welt sehr viele in dem Gott der Juden den einzig wahren Gott gesehen haben. Darum gab es damals viele Menschen, die auch den letzten Schritt wagten und ganz zum Judentum übertraten. Die milde Schule Hillels sah den Übertritt der Nichtjuden zum Judentum nicht ohne Wohlwollen, wogegen die Schule Schammais den Übertritt zum Judentum womöglich erschweren wollte. Daß Jesus den strengen Standpunkt mit der Schule Schammais geteilt hat, zeigen die folgenden Worte: *Wehe euch, ihr Schriftgelehrten und Pharisäer, ihr Heuchler, daß ihr Meer und Land durchstreift, um einen einzigen Proselyten zu machen, und wenn er es geworden ist, macht ihr einen Sohn der Hölle aus ihm, zweifach schlimmer, als ihr seid* (Mt. 23,15). Wenn ein Nichtjude nach bestimmten Grundgesetzen der Moral

Antike jüdische Prunkgräber in Jerusalem

lebt, wird er, ohne nach dem Gesetze Mosis zu leben, selig. Der Proselyt, der jüdisch gewordene Nichtjude, ist dagegen wie ein jeder Jude auf das Gesetz verpflichtet. Wenn es einem Proselyten nicht gelingt, das Gesetz vollkommen zu befolgen, auf das er früher als Nichtjude nicht verpflichtet war, verursachte sein Übertritt zum Judentum, daß er *ein Sohn der Hölle* geworden ist und unnütz seine Seligkeit verspielt hat.

Soweit wir nach den Quellen urteilen können, hat Jesus von den Nichtjuden, den «Völkern»[79], keine hohe Meinung gehabt: sie machen sich wirtschaftliche Sorgen um ihre Zukunft und wissen nicht, daß *der morgende Tag für sich selbst sorgen wird* (Mt. 6,32–34); sie *plappern* bei ihren Gebeten, *denn sie meinen, sie werden erhört bei ihrer Wortmacherei* (Mt. 6,7); sie kennen nicht das jüdische Gebot der Nächstenliebe und verkehren nur mit ihren Freunden (Mt. 5,47). Bei dem ersten und dritten Ausspruch hat man das Gefühl, als spräche Jesus über Untugenden der europäischen Gesellschaft, wie sie noch bis heute teilweise bestehen. Ein weiteres, sehr tiefes Wort bezieht sich wohl hauptsächlich auf die Römer. Als sich die Jünger stritten, wer unter ihnen der größere sei, sagte ihnen Jesus: *Die Herrscher der Völker herrschen über sie und die Großen haben über sie Gewalt; ihr aber nicht also: der große unter euch sei wie der jüngere, und der erste wie ein Knecht. Denn der Mensch ist nicht da, sich dienen zu lassen, sondern zu dienen* (vgl. Mt. 20,24–28).[80] Das Wort Jesu ist eine tiefsinnige Umdeutung des biblischen Spruchs: «Der große wird dem jüngeren dienen» (Gen. 25,23); das ist eine Prophezeiung auf die Herabminderung des älteren Esau unter den jüngeren Jakob. Zur Zeit Jesu wurde unter Esau Rom verstanden. Jesus will also sagen, daß die römischen Herrscher der Völker über sie Gewalt haben, aber für uns bedeutet das Bibelwort, daß der Große dem Kleinen dienen soll, denn dazu ist der Mensch da.

Aus dem Gesagten ist also verständlich, warum Jesus den Zwölf befohlen hat: *Auf den Weg der Völker gehet nicht aus und in eine Stadt der Samariter tretet nicht ein, sondern kommt zu den verlorenen Schafen vom Hause Israel* (Mt. 10,5–6).[81] Diese Worte Jesu beziehen sich vermutlich nicht nur auf die Verkündigung an die Nichtjuden, sondern auch auf die Heilungen, die ja auch zu den Aufgaben der Jünger gehörten. Jedenfalls pflegte Jesus in der Regel keine Nichtjuden zu heilen. Einmal bat ihn eine Syrophönizierin, ihre geisteskranke Tochter zu heilen, und da wiederholte er, was er zu seinen Jüngern gesagt hatte: *Ich bin nur gesandt zu den verlorenen Schafen vom Hause Israel.* Sie aber kam, warf sich vor ihm nieder und sagte: «Herr, hilf mir!» Er aber antwortete und sprach: *Es ist nicht recht, das Brot der Kinder zu nehmen und es den Hündlein hinzuwerfen.*

Seite aus der Bibelhandschrift Codex Aleppo. Aus dem 5. Buch Mosis

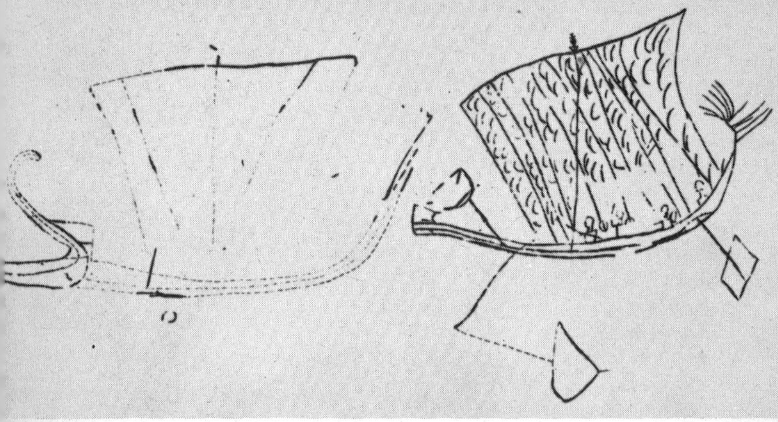

Sie aber sagte: «Doch Herr, essen doch auch die Hündlein von den Brosamen, die von dem Tische ihrer Herren fallen.» Die Worte der Frau beeindruckten Jesus – und ihre Tochter ward geheilt von dieser Stunde an (Mt. 15,21–28).

Nur noch einmal wird erzählt, daß Jesus einen Nichtjuden geheilt hat, nämlich den Knecht des römischen Hauptmanns von Kapernaum (Mt. 8,5–13; Lk. 7,1–10). Aus Lukas erfahren wir, daß der Hauptmann kein Heide, sondern ein Gottesfürchtiger war. Er sagte zu Jesus: «Herr ich bin nicht wert, daß du unter mein Dach hineingehst, sondern sprich ... ein Wort, so wird mein Knecht geheilt werden.» Der fromme Römer wollte verhüten, daß Jesus durch die Berührung mit dem Nichtjuden unrein werde, darum bat er Jesus, daß er seinen Knecht auf Entfernung heile. Daß es dem Wunderrabbi Jesus möglich sein werde, begründete er durch einen Vergleich mit sich selbst: «Bin ich doch ein Mensch in untergeordneter Stellung, aber unter mir habe ich Soldaten, und sage ich zu diesem: Geh! so geht er; und zu einem andern: Komm! so kommt er; und zu meinem Knecht: Tue das! so tut er's.» Als Jesus das hörte, verwunderte er sich und sagte zu seinen Begleitern: *Bei keinem in Israel habe ich so großen Glauben gefunden* – und der Knecht ward geheilt zu dieser Stunde.

Das sind die einzigen zwei Geschichten, in denen Jesus einen Nichtjuden heilt. In beiden wird das entscheidende Wort nicht von Jesus, sondern von dem «Heiden» gesprochen, ein Wort, das Jesus tief beeindruckt. Dabei ist noch zu bemerken, daß in den rabbinischen Quel-

Schiffe. Zeichnung von einem jüdischen Grab, Anfang des 1. Jhs. v. Chr.

len von niemandem der Standpunkt vertreten wurde, man solle oder dürfe nicht Nichtjuden heilen.

Das Bild, das uns die drei ersten Evangelien bewahrt haben, ist also klar: der Jude Jesus wirkt unter Juden und will nur unter ihnen wirken. Das bestätigt auch der Heidenapostel Paulus: Jesus wurde «unter das Gesetz getan» (Gal. 4,4); er «ist ein Diener der Beschneidung geworden für Gottes Wahrhaftigkeit, um die den Vätern gegebenen Verheißungen zu bestätigen» (Röm. 15,8).

Haben also die verschiedenen judenchristlichen Sekten richtig gesehen, als sie jüdisch lebten und meinten, so habe es Jesus gewollt? Von der Synagoge als Ketzer verschrien, von der Großkirche als Verirrte gebrandmarkt, lebten diese jüdischen Menschen in der festen Überzeugung, daß sie die einzigen waren, die wirklich das Erbe ihres Meisters verwalteten, und daß dadurch auch nur sie den wahren Sinn des Judentums erfaßt hatten. Die Geschichte ging an ihnen vorbei, und darum wurden sie verbittert, und so wurde bei ihnen allmählich die Verkündigung Jesu zu einem starren, apologetischen Zerrbild. Noch im 10. Jahrhundert finden wir sie irgendwo um Mossul [82], sehr einsam in ihrer übermenschlichen Treue.

Der – wenn man so will – revolutionäre Ansatz in der Verkündigung Jesu geht nicht von einer Kritik am jüdischen Gesetz aus, sondern von anderen Prämissen. Diese hat nicht erst Jesus geschaffen: sein Vorstoß geht von solchen Stellungen aus, die schon vor ihm erobert worden sind. Von drei Punkten kommt der Durchbruch: von dem radikalisiertem Liebesgebot, von dem Ruf nach einer neuen Moral und von der Idee des Königreiches der Himmel.

Etwa 175 Jahre vor Jesu Geburt pflegte ein jüdischer Schriftgelehrter mit einem griechischen Namen, Antigonos aus Ssocho, zu sagen: «Seid nicht wie Sklaven, die dem Herrn dienen, um Belohnung zu empfangen, sondern seid wie Sklaven, die dem Herrn dienen, nicht um Belohnung zu empfangen, und Himmelsfürchtigkeit sei über euch!»[83] Der Spruch ist bezeichnend für die Änderung der geistigen und moralischen Atmosphäre im Judentum, die sich seit der Zeit des Alten Testaments vollzogen hatte.[84] Gleichzeitig ist er der Ausdruck einer neuen, tieferen Sensitivität des Judentums, die eine wichtige Vorbedingung für die Botschaft Jesu gewesen ist.

Die Religion Israels verkündet den einzigen, gerechten Gott: seine ikonoklastische Ausschließlichkeit ist mit seinem unbeugsamen moralischen Willen verbunden. Die Gerechtigkeit des Alten Testaments will sich in einem neuen Gesetz und in einer neuen gerechten gesellschaftlichen Ordnung verwirklichen. Die Gerechtigkeit Gottes ist gleichzeitig sein Erbarmen: er nimmt sich besonders der Armen und der Unterdrückten an, denn er wünscht nicht die äußere Kraft und Macht der Menschen, sondern die Furcht vor ihm. Die jüdische Religion ist eine moralische Religion, in der das Prinzip der Gerechtigkeit unerläßlich ist. Darum ist für sie Einteilung der Menschen in Gerechte und Sünder so wichtig. Die Auffassung, daß Gott die Gerechten belohnt und die Bösen bestraft, ist für das Judentum die Bestätigung seiner Wahrheit. Wie sollte denn anders in der Welt die Gerechtigkeit Gottes walten?

Das Schicksal des Menschen entspricht aber meistens nicht seinem moralischen Streben, und sehr oft wird offensichtlich nicht die Schuld bestraft und die Güte belohnt: oft geht es dem Gerechten schlecht und dem Frevler gut. Man kann also leicht merken, daß da etwas nicht stimmt, aber keiner Religion und keiner Ethik ist es je gelungen, das Problem des Bösen zu lösen. Im Alten Testament ist dem bitteren Lose des Gerechten das Buch Hiob gewidmet, aber auch die heidnische Weisheitsliteratur des Orients kennt wohl den Aufschrei: «Auf einem glücklichen Pfad wandeln die, welche nicht einen Gott suchen, und die, welche fromm zu einer Göttin beten, werden arm und schwach.»[85]

Nicht diese Fragestellung war es aber, welche die Umwälzung verursacht hat, die dann zu dem sittlichen Imperativ Jesu geführt hat. Wie gesagt wird die moralisch-religiöse Maxime, nach welcher der Gerechte gedeiht und der Frevler ein schlimmes Ende nimmt, immer von neuem durch das Leben selbst widerlegt. Aber für den antiken Juden wurde der Satz auch aus einer ganz anderen Sicht fraglich: wenn nämlich auch die Maxime durch die Erfahrung gerechtfertigt wäre, müßte man sich doch fragen, ob denn die unproblematische Einteilung der Menschen in Gerechte und Sünder überhaupt stimmt. Man weiß ja, daß niemand ein vollkommener Gerechter oder ein vollkommener Bösewicht ist, denn der gute und böse Trieb streiten im Herzen eines jeden. Es fragt sich auch, wo die Grenzen der Barmherzigkeit Gottes und seiner Liebe zum Menschen zu ziehen sind. Und wenn auch die Belohnung des Gerechten und die Bestrafung des Sünders wirklich unproblematisch wäre, würde es eine wahrlich sittliche Handlungsweise sein, wenn der Mensch gute Werke tun würde, weil er weiß, daß es sich ihm lohnen wird? Wie gesagt, schon Antigonos aus Ssocho meinte, dies sei nur eine niedrige Sklavenmoral: der Mensch soll sittlich handeln und gleichzeitig einen jeden Gedanken auf den Lohn, der ihm sicher zukommen wird, ausschalten.

Für die neue Sensitivität des antiken Juden reichte natürlich auch die ritterliche Moral des Alten Bundes nicht mehr aus. Da man nun erkannt hatte, daß die Menschheit nicht scharf in Gerechte und Sünder geteilt ist, wurde es sogar praktisch unmöglich, die Guten zu lieben und die Frevler zu hassen. Und da es schwer geworden war, zu wissen, bis wohin noch Gottes Liebe und Barmherzigkeit reicht, folgerten viele, man solle gegenüber dem Nächsten Liebe und Barmherzigkeit üben, denn dadurch ahme man Gott nach. Lukas (6,36) hat Jesus das Wort in den Mund gelegt: *Seid barmherzig, wie euer Vater barmherzig ist!* Dies ist ein alter rabbinischer Spruch.[86]

In jenen Kreisen, in denen damals die neue jüdische Sensitivität besonders ausgebildet war, wurde das liebevolle Verhalten dem Nächsten gegenüber als Vorbedingung für die Aussöhnung mit Gott betrachtet. «Übertretungen zwischen einem Menschen und seinem Nächsten sühnt der Versöhnungstag nicht, bis er seinen Nächsten besänftigt.» So sagte ein Rabbi einige Jahrzehnte nach Jesus.[87] Und Jesus sagte: *Wenn ihr den Menschen ihre Verfehlungen vergebt, wird auch euch euer himmlischer Vater vergeben. Wenn ihr aber den Menschen nicht vergebt, dann wird euer Vater eure Verfehlungen auch nicht vergeben* (Mt. 6,14–15).

Die beste Zusammenfassung der neuen jüdischen Ethik ist gleichzeitig ihr ältester Beleg (Sir. 27,30–28,7) – der Verfasser, Jeschua ben Sira, hat sein Buch um das Jahr 185 v. Chr. geschrieben!

Der neue Zugang zum Nächsten und zur Gottheit öffnete sich später auch der nichtjüdischen Welt. Porträt aus einem Grab in der Umgebung von Askalon, um 300 n. Chr.

Eifersucht und Zorn, auch die sind greuelhaft,
und der gottlose Mensch hält sie fest.
Wer sich rächt, empfängt Rache von Gott,
und alle seine Sünden werden ihm behalten.
Vergib das Unrecht deinem Nächsten, und dann bete,
so werden deine Sünden vergeben werden.
Ein Mensch bewahrt dem andern den Zorn,
und von Gott verlangt er Heilung?
Mit einem Menschen wie er hat er kein Erbarmen,
und er bittet um Gnade für die eigenen Sünden?
Er, der Fleisch ist, bewahrt den Zorn,
und wer wird ihm seine Sünden vergeben?
Denke an das Ende und laß ab von der Feindschaft
an Hölle und Tod und bestehe im Gesetz!
Denke an das Gebot und grolle dem Nächsten nicht,
an den Bund Gottes und übersieh das Vergehen!

Der Gedanke, dem wir schon begegnet sind, daß man sich zuerst mit seinem Bruder versöhnen soll, bevor man für sich selbst betet, ist bei ben Sira mit einer für damals typischen Umbiegung des alten Lohngedankens verbunden. Die alte ausgleichende Gerechtigkeit, nach welcher der Gerechte nach dem Maß seiner Gerechtigkeit belohnt und der Sünder nach dem Maß seiner Sünden bestraft wird, erfüllte damals manche mit Unbehagen, und darum meinte man jetzt: wenn du den Nächsten liebst, wird dich Gott mit Gutem belohnen; wenn du aber den Nächsten hassest, wird dir Gott Böses heimzahlen. Ähnliches sagte ja auch Jesus: *Richtet nicht, so werdet ihr nicht gerichtet werden, und verurteilt nicht, so werdet ihr nicht verurteilt werden! Sprechet los, so werdet ihr losgesprochen werden! Gebet, so wird euch gegeben werden! Ein gutes, vollgedrücktes, gerütteltes, überfließendes Maß wird man in euren Schoß geben. Denn mit welchem Maß ihr meßt, mit dem wird euch gemessen werden* (Lk. 6,37–38).

Der Anfang des Spruches Jesu erinnert an das Wort des berühmten Hillel, der schon vor Jesus gesagt hat: «Richte nicht deinen Nächsten, bis du nicht an seine Stelle gekommen bist!»[88] Der Satz: «Mit welchem Maß ihr meßt, mit dem wird euch gemessen werden» war damals im Judentum sprichwörtlich.[89] Der Spruch Jesu bei Lukas hat eine wichtige Parallele im Herrnwort, das uns Klemens von Rom in seinem Brief (um 96 n. Chr.) erhalten hat: *Erbarmt euch, damit ihr Erbarmen findet; verzeiht, damit euch verziehen werde! Wie ihr tut, so wird an euch getan werden; wie ihr gebt, so wird euch gegeben werden; wie ihr richtet, so werdet ihr gerichtet werden; wie ihr Gutes tut, so wird euch Gutes getan werden. Mit demselben Maß, mit dem ihr meßt, wird euch gemessen werden* (1. Klem. 13,2). Der Spruch stammt von der Urgemeinde oder vielleicht von Jesus selbst.[90]

Die Motive, in denen sich die neue Sensitivität im Judentum damals ausdrückte, waren fest zusammen verflochten, und durch diese Motive sind auch viele Worte Jesu sowohl untereinander als auch mit manchen jüdischen Sprüchen verbunden. So lesen wir im Herrnwort bei Klemens: «Wie ihr tut, so wird euch getan werden», das heißt, wie ihr dem Nächsten tut, wird euch Gott tun. Das ist eine sehr interessante Variante der sogenannten goldenen Regel, die auch Jesus zitiert hat: *Alles, was ihr wollt, das euch die Menschen tun, so tut auch ihr ihnen; denn dies ist das Gesetz und die Propheten* (Mt. 7,12). Die goldene Regel kommt als moralischer Imperativ bei vielen Völkern vor, im Judentum[91] wurde sie schon vor Jesus als die Summe des Gesetzes betrachtet. Schon Hillel hat gesagt: «Was dir unlieb ist, tue dem Nächsten nicht; das ist das ganze Gesetz, das übrige ist nur Ausführung.» Die Maxime war damals im Judentum wahrscheinlich auch so verstanden: Gott mißt dir mit demselben Maß, mit dem du deinem Nächsten mißt. Daraus folgt: «Wie ein Mensch seiner eigenen Seele von Gott erbittet, so soll er tun jeder lebenden Seele.»[92]

Sowohl Jesus als auch schon früher Hillel haben in der goldenen Regel die Zusammenfassung des Gesetzes Mosis gesehen. Das wird verständlich, wenn wir bedenken, daß man das Bibelwort «Liebe deinen Nächsten wie dich selbst» (Lev. 19,18) sowohl bei Jesus als auch sonst im Judentum für *eine große Hauptregel im Gesetze* gehalten hat.[93] In einer alten aramäischen Übersetzung lautet das Bibelwort so: «Liebe deinen Nächsten, denn was dir unlieb ist, tue ihm nicht!» In dieser paraphrasierenden Übersetzung ist also die Wendung «wie dich selbst» durch die negativ stilisierte goldene Regel ersetzt; man hat also die Worte «Liebe deinen Nächsten» als ein positives Gebot verstanden und die Worte «wie dich selbst» als ein dazu gehörendes, negatives Gebot: du sollst deinen Nächsten nicht mit Haß behandeln, weil du auch nicht willst, daß er gegen dich selbst so handelt. – So konnten wir auf Grund jüdischer Parallelen sehen, wie die goldene Regel (Mt. 7,12) und das Gebot der Nächstenliebe (Mt. 22,39) noch innerhalb der Lehre Jesu unter sich verwandt sind.

Doch es gab noch eine andere Erklärung für die Wendung «wie dich selbst» in dem damals so wichtigen biblischen Gebot der Nächstenliebe. Im Hebräischen kann die Wendung auch als «wie du selbst» verstanden werden, und dann würde das Gebot der Nächstenliebe lauten: «Liebe deinen Nächsten, denn er ist wie du selbst!» Diese Interpretation ist schon dem ben Sira bekannt, wenn er verlangt, daß man dem Nächsten das Unrecht vergebe, denn es ist eine Sünde, wenn jemand «mit einem Menschen wie er» kein Erbarmen hat (Sir. 28,3–5). Und Rabbi Hanina, der annähernd eine Generation nach Jesus gelebt hat, sagte ausdrücklich über das Gebot der Nächstenliebe: «Ein Wort, an dem die ganze Welt hängt, ein großer Schwur vom Berge Sinai: Wenn du deinen Nächsten hassest, dessen Taten ja böse sind wie die deinigen, Ich, der Herr, werde dich als Richter bestrafen; und wenn du deinen Nächsten liebst, dessen Taten ja gut sind wie die deinigen, Ich, der Herr, treu werde ich sein und mich deiner erbarmen.»[94] Die Beziehung des Menschen zum Nächsten soll also durch die Tatsache bestimmt sein, daß er mit ihm sowohl in seinen guten als auch in seinen schlechten Eigenschaften solidarisch ist. Das ist von dem Liebesgebot Jesu nicht weit, aber Jesus ging noch weiter und zerbrach die letzte Schranke des antiken jüdischen Gebots der Liebe zum Nächsten. Rabbi Hanina meinte, man solle den Gerechten lieben und man dürfe den Sünder nicht hassen, aber Jesus hat gesagt: *Doch ich sage euch: Liebet eure Feinde und betet für eure Verfolger* (Mt. 5,44).

Wir werden zwar sehen, daß damals zu ähnlichen Folgerungen

auch die halb-essenischen Kreise aus anderen Voraussetzungen gekommen sind und daß die Morallehre Jesu auch von diesen Kreisen beeinflußt war, aber Einflüsse erklären da nicht alles: er, der sein Elternhaus in Nazareth mied und *Freund mit Zöllnern und Sündern* ward, spürte, daß er *zu den verlorenen Schafen vom Hause Israel gesandt* war. Doch nicht nur aus seinem ganzen Lebensbild läßt sich Jesu liebevolle Hinneigung gerade zu den Sündern erklären, sondern sie ist auch mit dem Sinn seiner Botschaft zutiefst verbunden – und die Verkündigung Jesu hängt wieder mit seinem ganzen Lebensbild zusammen –, von der Kindheit bis zu seinem Kreuzestod. Das Gebot der Feindesliebe ist so sehr Jesu Eigentum, daß wir es im Neuen Testament nur aus seinem Munde hören; sonst lesen wir nur, daß man sich gegenseitig lieben und seine Verfolger segnen soll. Es war offenbar aber damals für niemanden leicht, sich auf die Höhe der Forderung Jesu aufzuschwingen.

Jesus hat das biblische Gebot der Nächstenliebe erwähnt, als er erklärte, was die Summe des Gesetzes Mosis sei: *Eine große Hauptregel im Gesetz: «Liebe den Herrn deinen Gott mit all deinem Herzen, mit all deiner Seele, mit all deiner Macht»* (Dt. 6,5). *Dies ist die erste große Hauptregel, und die andere ist ihr ähnlich: «Liebe deinen Nächsten wie dich selbst»* (Lev. 19,18). *An diesen zwei Hauptregeln hängt das ganze Gesetz*[95] (Mt. 22,35–40).

Es ist fast sicher, daß da Jesus einen mündlich überlieferten Spruch gelehrt hat, weil er ihm für seine eigene Botschaft wichtig schien. So war es auch sonst die Regel: ein Ausspruch eines Schriftgelehrten ist oft nur von ihm übernommen. «Ein Schriftgelehrter ...[96] ähnelt einem Gutsherrn, der aus seinem Speicher Neues und Altes herausnimmt» (Mt. 13,52). Jesu Spruch von dem Doppelgebot der Liebe ist also offenbar schon vor Jesus entstanden. Wir haben schon gesehen, daß das Bibelwort über die Nächstenliebe auch sonst *eine große Hauptregel im Gesetz* genannt wurde[97], und diese Hauptregel ist der anderen – über die Liebe zu Gott – wirklich ähnlich, denn beide Bibelverse (Dt. 6,5; Lev. 19,18) beginnen mit demselben Wort. Bibelstellen ähnlichen Wortlauts als auch inhaltlich verbunden anzusehen, ist für das rabbinische Lernen typisch. Die erste Hauptregel Jesu, die Liebe zu Gott, entspricht dabei dem Geiste des zeitgenössischen Pharisäismus.[98] In der Liste der sieben Arten der Pharisäer, die wir schon erwähnt haben[99], sind am Ende zwei positive Gruppen genannt: der Furchtpharisäer wie Hiob und der Liebespharisäer wie Abraham. Die vielen rabbinischen Quellen, die Gottesfurcht und Liebe zu Gott vergleichen, stellen die Liebe zu Gott hoch über die Gottesfurcht, denn es entspricht der neuen jüdischen Sensitivität, eher Gott aus unbedingter Liebe als aus Furcht vor der Strafe zu dienen.[100]

Nach dem, was gesagt wurde, ist es verständlich, daß das Doppelgebot der Liebe im antiken Judentum vor Jesus und neben Jesus bestanden hat.[101] Daß es sich nicht auch in den rabbinischen Quellen, die auf uns gekommen sind, erhalten hat, wird wahrscheinlich auf einem Zufall beruhen. Denn aus Markus (12,28–34) und Lukas (10, 25–28) können wir ja sehen, daß in bezug auf das «große Gebot» Jesus mit den Schriftgelehrten im Einklang war.

Der vorliegende Ausspruch ist nur einer der vielen Beispiele, bei denen der uneingeweihte Leser eine besonders charakteristische Lehre Jesu zu lesen meint, wobei er den wirklich revolutionären Aussprüchen ihre Bedeutung nicht anmerkt. Allerdings haben auch solche Herrnworte wie das vom «großen Gebot» eine bedeutende Funktion in der gesamten Verkündigung Jesu. Man könnte aus dem antiken jüdischen Schrifttum leicht ein ganzes Evangelium zusammenstellen, ohne daß darin ein Wort von Jesus stammen würde. Dies könnte man aber nur darum tun, weil wir ja die Evangelien tatsächlich besitzen.

Ähnliches gilt auch von jenem Teil der Bergpredigt, in dem angeblich Jesus seine persönliche Stellung zum Gesetze Mosis definiert (Mt. 5,17–48). Da bringt er sozusagen aus seinem Speicher gleichzeitig Altes und Neues hervor.

Die Sensitivität des antiken Judentums entwickelte gegenüber der einfachen Sicht des Alten Testaments eine ganze Dialektik der Sünde, denn da der Mensch nicht mehr als ein unproblematisches Wesen gesehen wird, sind jetzt auch die Sünden selbst zum Problem geworden. Eine Sünde kann, wenn man sich nicht vorsieht, zu einer anderen führen, und sogar das, was nicht wie eine Sünde aussieht, kann den Menschen in eine wirkliche Sünde verstricken. Es gab einen Spruch: «Flüchte vor dem Bösen und vor dem, was ihm ähnlich ist.» Wenn man diese Auffassung auf die Gebote überträgt, dann heißt es, daß die leichten Gebote genauso wichtig sind wie die schweren.

In diesem Sinn ist auch die Exegese Jesu in Mt. 5,17–48 zu verstehen. Die eigentliche Exegese ist durch eine Präambel (Mt. 5,17–20) eingeleitet, in der Jesus seine Methode rechtfertigt. Dem ersten Satz dieser Einleitung (Mt. 5,17) wird, wie es scheint, eine übertriebene Bedeutung beigemessen. Jesus sagte nur anscheinend: *Denkt nicht, daß ich nun das Gesetz*[102] *aufzuheben komme; ich komme nicht aufzuheben, sondern aufzurichten,* und wehrte dadurch, dem damaligen Sprachgebrauch entsprechend[103], den Vorwurf ab, seine folgende Gesetzeserklärung hebe den ursprünglichen Sinn der Bibelworte auf. Das kann er nicht wollen, denn das Gesetz, wie es geschrieben steht, ist mit dem Bestehen der Welt geheimnisvoll verbunden. Es ist also auch auf die leichten Gebote zu achten. Das bedeutet eine Verschärfung des Gesetzes, nicht in der Richtung auf das Rituelle, sondern in der Beziehung auf den Mitmenschen und dadurch auch auf sich selbst. Solche Einstellung gibt es auch in dem damaligen Judentum, wie zum Beispiel der folgende Spruch zeigt: «Jeder, der seinen Nächsten öffentlich beschämt (und ihn dadurch zum Erblassen bringt), der vergießt Blut!»[104] Nach diesem gedanklichen und formellen Schema sind die ersten zwei Schrifterklärungen Jesu in der Bergpredigt aufgebaut: nicht nur, wer mordet, sondern schon, wer seinem Bruder zürnt, verfällt dem Gericht (Mt. 5,21–22), und *jeder, der ein Weib ansieht, um es zu begehren, hat in seinem Herzen schon Ehebruch begangen* (Mt. 5,28). Nach einem später überlieferten jüdischen Spruch[105] sind drei Arten von Sündern auf Ewigkeit der Hölle verfallen: der Ehebrecher; der, der seinen Nächsten öffentlich beschämt; und der, der seinen Nächsten mit einem Scheltwort bezeichnet. Über die letzte Art von Sündern hat auch Jesus gesagt: *Wer seinen Bruder einen Taugenichts heißt, soll dem Hohen Rat und wer ihn einen Tor heißt, soll für die Feuerhölle verfallen sein* (Mt. 5,22). Auch die Fortsetzung (Mt. 5,29–30) hat eine interessante Parallele im rabbinischen Schrifttum. Jesus sagte (vgl. Mk. 9,43–48)[106]: *Wenn dich dein Auge zum Straucheln bringt, so reiß es heraus, denn es ist besser, wenn es verloren gehe, als daß dein ganzer Leib in die Hölle fahren werde.* So heißt es auch von der Hand und vom Fuß. Früher (Mt. 5,28) sprach Jesus davon, *daß jeder, der ein Weib ansieht, hat im Herzen schon Ehebruch begangen.* Es gab eine jüdische Meinung[107], daß das Wort «ehebrechen» auf hebräisch deshalb aus vier Buchstaben besteht, zu warnen, «damit du nicht die Ehe brichst, weder mit der Hand, noch mit dem Fuß, noch mit dem Auge, noch mit dem Herzen».

Jesus hat seine Schrifterklärung damit begonnen, daß er die Wichtigkeit gerade der leichten Gebote hervorhebt; in diesem Geiste kann er dann den Zorn an den Mord und die Begierde an den Ehebruch angleichen. In den jüdischen «Zwei Wegen», die in der urchristlichen Schrift Didache erhalten sind[108], lesen wir: «Mein Kind, fliehe vor allem Bösen und vor allem, was ihm ähnelt. Werde nicht zornig, denn der Zorn führt zum Mord... Mein Kind, sei nicht voller Begierden. Denn die Begierde führt zur Hurerei... denn durch das alles kommt es zum Ehebruch.»[109] Den ersten Satz haben wir schon als eine jüdische Moralregel kennengelernt, und die zwei Anwendungen der Regel entsprechen dem sechsten und dem siebten Gebot des Zehngebots, die ja Jesus in der Bergpredigt ganz ähnlich erklärt. Dabei sind die zweiten fünf Gebote des Zehngebots sowohl im Hintergrund der Schriftdeutung Jesu als auch noch klarer in den «Zwei Wegen» merkbar. Diese biblischen Gebote sprechen von der Beziehung zum

Nächsten, und darum beschließt Jesus dann wirklich seine Exegese mit der Erklärung der «Hauptregel»: *Liebe deinen Nächsten wie dich selbst* (Mt. 5,43–48).

Wer damals der Liebespredigt Jesu lauschte, konnte von ihr ergriffen werden. Viele haben damals ähnlich gedacht. Allerdings in der klaren Reinheit der Töne mußte man irgendwie etwas Sonderbares spüren. Nicht alles, was man damals im Judentum dachte und lehrte, hat Jesus aufgenommen. Am nächsten ist er, obzwar er eigentlich kein Pharisäer war, den Liebespharisäern aus der Schule Hillels, doch er führte den Weg weiter, zur unbedingten Liebe gerade dem Feind, dem Sünder gegenüber. Daß es keine sentimentale Lehre war, werden wir noch sehen.

DIE MORAL

Einmal sagte jemand zu Jesus: «Ich will dir nachfolgen, wohin du auch gehst.» Und Jesus sagte zu ihm: *Die Füchse haben Gruben und die Vögel des Himmels Nester, aber der Mensch*[110] *hat nicht, wo er sein Haupt hinlegen kann* (Mt. 8,19–20). Das Wort ist ein sozialer Protest. Was Jesus meinte, haben die amerikanischen schwarzen Parias sehr wohl verstanden, wenn sie singen: «Die Füchse ham Löcher in der Erd', und die Vögel ihr Nest in der Luft; ein jedes Tier hat 'nen Unterschlupf – nur wir arme Sünder ham nichts.»[111]

Die soziale Note ist bei Jesus stärker als bei den Rabbinen; sie ist der Kern seiner eigentlichen Botschaft. Jesus war aber kein sozialer Revolutionär im üblichen Sinn des Wortes. Da waren die Essener anders geartet. Sie waren ursprünglich eine apokalyptische revolutionäre Bewegung. Ihre Ideologie der Armut verbanden sie mit der Lehre der doppelten Prädestination: sie, die wahren Söhne des Lichts, die göttlich erwählten Armen, werden bald, am nahen Ende der Tage, mit Hilfe ihrer Waffen und der himmlischen Heere das Land erben und die ganze Erde erobern. Die Söhne der Finsternis, das übrige Israel und die Völker, zusammen mit den dämonischen Kräften, welche die Welt beherrschen, werden dann vernichtet werden. Auch wenn zur Zeit Jesu wahrscheinlich ihre Ideologie nicht mehr akut aktivistisch war und die Essener mehr zu kontemplativer Mystik neigten, lebten sie weiter in Gütergemeinschaft, schätzten die Armut und sonderten sich von der übrigen Judenschaft streng ab.

Die essenischen Söhne des Lichts beschränkten die wirtschaftliche Verbindung mit der Umwelt auf ein Minimum. «Keiner esse etwas aus ihrem Besitz und trinke nichts, noch nehme er etwas aus ihren

Händen, was nicht durch Kauf erworben ist ... denn ... alle Verächter Seines Worts wird Er vertilgen aus der Welt, all ihre Werke gelten als Unflat vor Ihm, und Unreinheit haftet an all ihrem Besitz.»[112] Die Essener waren also verpflichtet, «sich abzusondern von den Söhnen des Verderbens und sich zu trennen vom unreinen Besitz des Frevels»[113].

Jesus konnte natürlich den essenischen ideologischen und wirtschaftlichen Separatismus nicht bejahen. *Die Söhne dieser Welt sind ihrem Geschlecht gegenüber klüger als die Söhne des Lichts. Und ich sage euch: Macht euch Freunde aus*[114] *dem Besitz*[115] *der Ungerechtigkeit! ... Denn wenn ihr in Bezug auf den ungerechten Besitz*[115] *nicht treu waret, wer wird euch das wahre Gut anvertrauen? Und wenn ihr in Bezug auf das Fremde nicht treu waret, wer wird euch das eure geben?* (Lk. 16,8–12) Jesus hat also die Essener gekannt und hat sie, teilweise ironisch, mit ihrer Selbstbezeichnung «die Söhne des Lichts» bedacht.

Wie die Essener seiner Zeit sah auch Jesus jeden Besitz als gefährlich für die Gottesfurcht an. *Niemand kann zwei Herren dienen. Entweder wird er den einen hassen und den anderen lieben; oder er wird jenem anhängen und den andern verachten. Ihr könnt nicht Gott dienen und dem Eigentum*[115] (Mt. 6,24). Die dualistische Terminologie des Spruches ist essenisch – der Essener trachtete «alles zu lieben, was Er erwählt, und alles zu hassen, was Er verworfen, sich fernzuhalten von allem Bösen und anzuhangen allen guten Werken»[116]. Zwischen dem Guten und Bösen gibt es eine ewige Feindschaft und darum auch zwischen den Söhnen des Lichts und der Finsternis, zwischen Gott und Belial, dem Teufel. Jesus konnte nicht so denken; er übernahm nicht die Theologie der Essener, sondern nur bestimmte soziale Folgerungen ihrer Weltanschauung. Darum sind die zwei Herren seines Spruches nicht Gott und der Teufel Belial, sondern Gott und der Mammon.

Der Besitz ist also nach Jesus ein Hindernis für die Tugend. *Wie schwer ist es für die, welche sich auf das Vermögen stützen, in das Reich Gottes einzugehen! Es ist leichter, daß ein Kamel durch ein Nadelöhr durchgeht, als daß ein Reicher in das Reich Gottes eingeht* (Mk. 10,24–25). Darum waren sowohl für die Essener als auch für Jesus Armut, Demut, Reinheit des Herzens und ungelehrte Einfalt wesentliche religiöse Werte. Jesus und die Essener meinten, daß die jetzt gesellschaftlich Deklassierten und Verfolgten in der nahen göttlichen Zukunft die ersten sein werden, *denn ihrer ist das Königreich der Himmel,* und daß *die Trauernden* dann *getröstet sein werden.* Daß dies bei Jesus beileibe nicht sentimental gemeint ist, zeigen die gleich darauf folgenden Weherufe auf *die Reichen, die Satten* und *die, welche jetzt lachen,* die aber dann *trauern* und *weinen* werden. Durch die neuen Texte vom Toten Meer wurde auch die Wendung *die geistlich Armen,* die auch in ihnen als Ehrenbezeichnung der Essener vorkommt, erst verständlich[117]: das sind die Armen, denen der Heilige Geist verliehen wurde. In einer Stelle des essenischen Hymnenbuchs (18,14–15) dankt der Verfasser Gott, daß er ihn zum Verkünder seiner Güte bestimmt hat, «den Demütigen zu verkünden von Deinem reichen Erbarmen und Heil aus ewiger Quelle zu melden den Geists-geknickten und den Trauernden ewige Freude». Das entspricht den *Demütigen,* den *geistlich Armen* und den *Trauernden* der ersten drei Seligpreisungen Jesu.

Eine vielleicht noch wichtigere Parallele zu den Seligpreisungen und den Weherufen Jesu befindet sich in einem jüdischen Werk, das zwar nicht essenisch ist, aber in der Peripherie des Essenismus entstanden ist.[118] Es sind die sogenannten Testamente der Patriarchen, die auf uns christlich bearbeitet gekommen sind, doch ist, leicht ersichtlich, die Stelle selbst jüdisch. Das Werk ist so gedacht, als wären es die letzten Reden der zwölf Söhne Jakobs. Es ist Juda, der da über das Heil der Endzeit spricht: «Und es wird ein Volk des Herrn sein und eine Sprache. Und nicht mehr wird sein der Irrgeist Belials, denn er wird ins Feuer geworfen auf Ewigkeit. Und die in Traurigkeit starben, auferstehen werden sie in Freude, und die Armen[119] werden reich werden, und die Hungrigen werden gesättigt werden, und die Schwachen werden stark werden, und die um des Herrn willen gestorben sind, werden im Leben erwachen. Und die Hirsche Jakobs, rennen werden sie mit Frohlocken, und die Adler Israels, fliegen wer-

Die Parallele zu den Seligpreisungen aus dem essenischen Hymnenbuch

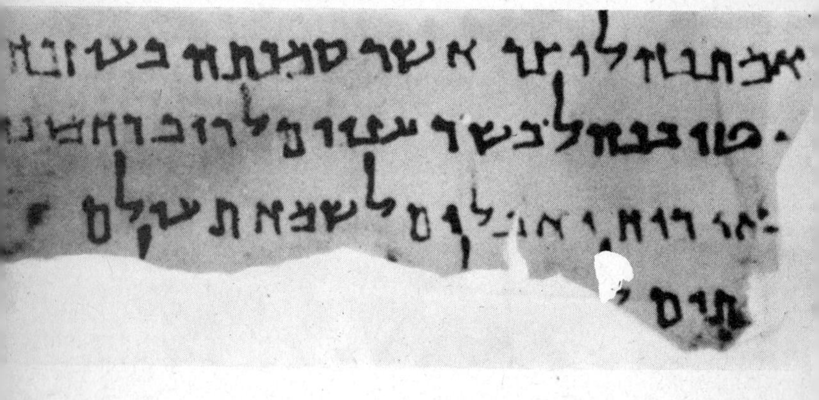

Hirsch. Zeichnung aus einem jüdischen Grab vom Anfang des 1. Jahrhunderts v. Chr.

den sie in Freude. Doch die Gottlosen werden trauern und die Sünder weinen, und alle Völker werden den Herrn preisen in Ewigkeit.»

Die Ähnlichkeit zwischen den Seligpreisungen und Weherufen Jesu und den Worten des Testaments Judas ist augenscheinlich. Der jüdische Autor hat die gemeinsame Überlieferung poetisch erweitert und in Hinblick auf die Auferstehung der Toten bearbeitet. Er sagt, daß die um des Herrn willen gestorben sind, im Leben erwachen werden, wogegen Jesus den *Verfolgten das Königreich der Himmel* verspricht. Darin zeigt sich, daß die Testamente der Patriarchen ein halbessenisches Werk sind. Die eigentlichen Essener glaubten zwar an Paradies und Hölle und an das ewige Leben, aber nicht, wie die

Pharisäer und später die Christen, an die Auferstehung der Toten. Es ist sehr seltsam, daß in den drei ersten Evangelien auch Jesus zwar über das ewige Leben spricht, aber nicht ausdrücklich über die Auferstehung – mit einer Ausnahme, dem Gespräch mit den Sadduzäern, «welche sagen, es gebe keine Auferstehung» (Mk. 12,18 bis 27)[120], und wenn er, in anscheinend sekundären Stellen, über seine eigene Auferstehung spricht. Ist es ein Zufall?

Nach dem, was über die Essener gesagt wurde, sind wir noch die Erklärung schuldig, wieso aus den so tief menschlichen Seligpreisungen Jesu der Geist jener Essener atmet, die zwar zu seiner Zeit weniger abweisend waren, aber doch nicht ihre menschenfeindliche Theologie des Hasses abgelegt hatten. Dazu ist zu bemerken, daß radikale Sekten manchmal gleichzeitig recht liebenswürdig sein können, und die essenischen Schriften zeichnen sich durch eine innige Frömmigkeit aus. Wenn sowohl der antike jüdische Historiker Josephus als auch der Philosoph Philon von Alexandria sie als eine Art von Tolstojanern schildern, haben diese Männer nicht ganz unrecht. Man kann ja im Laufe der Zeit aus einer unmenschlichen Ideologie fast menschliche Folgerungen ziehen, und das geschah unter den Essenern. Diese Vermenschlichung wurde in jüdischen Kreisen, die in der Peripherie des Essenismus lebten und gleichzeitig von der Sensitivität des antiken Judentums tief beeinflußt waren, zu Ende gedacht. Die Ideen dieser Kreise hat Jesus gekannt und hat sie in seine Umwertung aller Werte eingebaut.

Die Essener meinten, ihr Endsieg und die Vernichtung des Bösen sei göttlich vorbestimmt. Wenn also die Endzeit noch nicht gekommen ist, muß man sich den bösen Mächten dieser Welt unterordnen. Darum sind die Bestimmungen des Wegs in diesen Zeiten wie folgend: «Ewiger, geheimer Haß gegen die Männer des Verderbens, ihnen den Besitz zu lassen und den Erwerb der Hände, wie ein Sklave dem, der ihm gebietet und der Demut erweist dem, der über ihn herrscht. Doch jeder sei gleichzeitig mit Eifer bedacht auf die Vorbestimmung und ihre Zeit, auf den Tag der Rache!»[121] Aus dieser Sicht entstand bei den Essenern eine Art von unmenschlicher Menschlichkeit, und der Essener konnte von sich sagen: «Keinem will ich vergelten das Böse, mit Gutem will ich den Menschen verfolgen, denn bei Gott ist das Gericht über alles, was lebt, und Er wird ihnen die Vergeltung heimzahlen ... Den Streit mit den Männern des Verderbens will ich nicht aufgreifen bis zum Tage der Rache, und meinen Zorn will ich nicht abwenden von den Männern der Bosheit und will nicht zufrieden sein, bis Er das Gericht bestimmen wird.»[122]

Die essenische Erkenntnis, daß man den Bösen durch Guttun überwinden kann, hat sich in der Weltgeschichte als eine mächtige Waffe

«Freut euch, ihr Lebendigen!»
Griechische Inschrift aus einem jüdischen Grab
aus dem Anfang des 1. Jahrhunderts v. Chr.
Der Verstorbene war vermutlich ein Sadduzäer

erwiesen. Sie wurde, wie wir noch sehen werden, von Jesus weiterentwickelt, aber auch sonst, unabhängig von der Liebeslehre Jesu, vom Christentum übernommen.[123] In der Neuzeit drang die Regel, *dem Bösen nicht zu widerstehen* (Mt. 5,39), bis zu Gandhi, der sie durch das Christentum kennengelernt und auf altindische Vorstellungen aufgepfropft hat. Diese ursprünglich essenische Idee half dann, Indien durch den passiven Widerstand zu befreien.

Die Geschichte hat gezeigt, daß man den Feind durch Guttun überwinden kann, auch wenn man ihn nicht liebt und wenn er dadurch nicht besser wird. So hätten es die Essener gewollt – aber schwer ist es, diese zwei Bedingungen zu erfüllen. Die menschliche Natur bringt es mit sich, daß man den, welchem man Gutes tut, zu lieben beginnt und, was noch wichtiger ist, wenn man wirklich jemandem Gutes tut – und das kann nur echt sein, wenn man ihn ein wenig liebt –, dann macht man ihn dadurch gewöhnlich besser. Jene Kreise, die an der Peripherie des Essenismus lebten, haben die essenische Theologie des Hasses überwunden, und darum bejahten sie gerade diese Folgen des Guttuns am Feinde. In den schon erwähnten Testamenten der Patriarchen, besonders im Testament Benjamins, wird das liebevolle Besiegen des Sünders zum wichtigen sittlichen Imperativ. «Der gute Mensch hat kein finsteres Auge; denn er hat Erbarmen mit allen, auch wenn sie Sünder sind, ja auch wenn sie über ihn beratschlagen zum Bösen. So besiegt der, welcher Gutes tut, den Bösen, da er von dem Guten beschirmt wird... Wenn ihr eine gute Gesinnung habt, Kinder, so werden auch die schlechten Menschen mit euch Frieden haben, und die Schwelger werden euch scheuen und zum Guten umkehren, und die Habsüchtigen werden nicht nur von der Leidenschaft abstehen, sondern auch den Bedrückten den Gewinn zurückgeben... Die gute Gesinnung hat nicht zwei Zungen, des Segens und

Lilie auf einer jüdischen Münze

des Fluchs, der Schande und der Ehre, der Trauer und der Freude, der Ruhe und der Unruhe, der Heuchelei und der Wahrheit, der Armut und des Reichtums, sondern sie hat nur einen lauteren Gemütszustand hinsichtlich aller. Sie hat kein doppeltes Gesicht und Gehör ... Doch ein jedes Werk Belials ist zwiefältig und hat keine Einfalt.»[124]

Aus demselben Geist sagte auch Jesus: *Ihr habt gehört, daß gesagt ist: «Auge für Auge, Zahn für Zahn*[125]*, Hand für Hand, Fuß für Fuß, Brandmal für Brandmal, Wunde für Wunde, Strieme für Strieme»* (Ex. 21,24–25). *Doch ich sage euch: Nicht dem Bösen widerstehen! Sondern, wer dich auf eine Wange schlägt, dem biete auch die andere. Und wer dir ... den Rock nehmen will, dem laß auch den Mantel. Wer dich gehen nötigt eine Meile, mit dem gehe zwei. Gib dem, der dich bittet und von dem, der dir das Deinige nimmt, fordere es nicht zurück!*[126] *Ihr habt gehört, daß gesagt ist: «Liebe deinen Nächsten*[127] *wie dich selbst»* (Lev. 19,18). *Doch ich sage euch: Liebt eure Feinde und betet für eure Verfolger, auf daß ihr werdet Söhne eures Vaters in den Himmeln. Denn er läßt seine Sonne aufgehen über Böse und Gute, und regnen über Gerechte und Ungerechte ... Seid also vollkommen, wie euer himmlischer Vater vollkommen ist* (Mt. 5,38–48).

Man soll, nach dem Testament Benjamins, «nicht zwei Zungen haben, des Segens und des Fluchs, doch jedes Werk Belials ist zwiefältig und hat keine Einfalt». Nach Jesus soll man in der Nächstenliebe ungeteilt sein, denn auch Gott ist ungeteilt. Das Wort «Auge für Auge» war bekanntlich schon im Alten Testament nicht wörtlich gemeint. Jesus wollte das Bibelwort weginterpretieren, indem er «Strieme für Strieme» so erklärte, daß man zu einem Schlag auch die andere Wange hinhalten soll. Auch das entspricht dem pietistischen Geist der essenischen Peripherie. Nach den Testamenten der Patriarchen [128] trieb es der Erzvater Sebulun so weit, daß er, als er einen Notleidenden nackend im Winter sah, heimlich ein Gewand aus seinem Hause stahl und es dem Armen gab. Als er einmal nichts fand, was er den Armen geben konnte, begleitete er den Dürftigen klagend sieben Stadien, denn sein Herz kehrte sich zu ihm in Mitleid.

Jesus übernahm von der essenischen Peripherie sowohl die Überzeugung, daß man *dem Bösen nicht widerstehen* soll, als auch die Heilsbotschaft gerade für die Armen und Deklassierten. Die Lehre jener Kreise über die gleiche Beziehung zu allen Menschen ohne Unterschied entwickelte er zum Gebot der Feindesliebe, zur Liebe besonders zu den Sündern. Als ihm die Pharisäer vorhielten, daß er mit den Zöllnern und Sündern esse, antwortete ihnen zwar Jesus: *Nicht die Gesunden bedürfen des Arztes, sondern die Kranken* – aber er fügte gleich hinzu: *Ich bin nicht gekommen, Gerechte zu rufen, sondern Sünder* (Mk. 2,16–17).

Die Paradoxie seines Bruches mit der üblichen Moral hat Jesus wunderbar in dem Gleichnis von den Arbeitern im Weinberg (Mt. 20,1–16) ausgedrückt. Ein Gutsherr ging, Arbeiter für seinen Weinberg zu mieten, und versprach einem jeden einen Denar Tageslohn. Am Abend zahlte er allen den gleichen Lohn, ungeachtet, wie lange sie an dem Tag gearbeitet haben. Die, welche früh begonnen hatten, murrten dagegen. Da sagte der Gutsherr zu einem von ihnen: *«Freund, ich tue dir nicht Unrecht. Bist du nicht auf einen Denar mit mir eins geworden? Nimm das deine und gehe. Ich will diesem Letzten so viel geben wie dir! Oder steht es mir nicht frei, mit den Meinigen zu tun, was ich will? Oder ist dein Auge neidisch, weil ich gut bin?» So werden die Letzten Erste und die Ersten Letzte sein.*

Das Prinzip des Lohnes bleibt hier, wie auch sonst bei Jesus, bestehen, aber alle Maßstäbe der üblichen Auffassung von der Gerechtigkeit Gottes sind aufgehoben. Man könnte meinen, daß dies geschieht, weil Gott aus seiner allumfassenden Liebe und Barmherzigkeit nicht zwischen Menschen unterscheidet. Aber die Umwertung aller Werte ist bei Jesus nicht idyllisch: auch das Unglück unterscheidet nicht zwischen Sündern und Gerechten. Einmal brachte man

Ein römischer Denar. Vorderseite: Bildnis des Kaisers Tiberius

Rückseite: die Friedensgöttin

Jesus die Nachricht von den Galiläern, deren Blut Pilatus mit ihren Opfern mischte. Man erwartete wohl eine politische Antwort, aber Jesus sagte: *Meint ihr, daß diese Galiläer vor allen Galiläern Sünder waren, weil sie dies erlitten? Nein, ich sage euch, sondern wenn ihr nicht Buße tut, werdet ihr ebenso umkommen. Oder jene achtzehn, auf welche der Turm in Siloam fiel und tötete, meint ihr, daß sie schuldig gewesen vor allen Bewohnern von Jerusalem? Nein, ich sage euch, sondern wenn ihr nicht Buße tut, werdet ihr alle ebenso umkommen* (Lk. 13,1–5).

Die Vorstellung Jesu von der Gerechtigkeit Gottes ist also sozusagen inkommensurabel für die Vernunft: man kann sie zwar nicht messen, aber man kann sie begreifen und verstehen. Sie führt zu der Predigt vom Reich, in dem *die Letzten Erste und die Ersten Letzte sein werden.* Sie führt auch von der Bergpredigt zu Golgatha, wo der Gerechte den Tod eines Verbrechers sterben wird. Sie ist zutiefst sittlich und gleichzeitig jenseits von Gut und Böse. Aus dieser dämonischen Sicht ist alles «Wichtige», die üblichen Tugenden und die zusammengebastelte Persönlichkeit, die irdische Würde und das stolze Pochen auf das formelle Erfüllen des Gesetzes brüchig und nichtig. Sokrates machte die intellektuelle und Jesus die moralische Seite der Person fraglich. Beide wurden hingerichtet. Ist es ein Zufall?

Einmal wurden zu Jesus Aufpasser geschickt, um ihn bei einem Worte zu fassen, und sie sagten zu ihm: «Rabbi, wir wissen, daß du recht redest und lehrst und auf niemand Rücksicht nimmst. Ist es erlaubt, dem Kaiser Steuer zu geben, oder nicht?» Jesus, der ihre Absicht merkte, sagte zu ihnen: *Zeigt mir einen Denar! Wessen Bild und Aufschrift trägt er?* Sie sagten: «Des Kaisers.» Da sagte er zu ihnen: *So gebt dem Kaiser ab, was des Kaisers ist, und Gott, was Gottes ist* (vgl. Lk. 20,20–26).

Wieder einmal gelang es Jesus, sich nicht fangen zu lassen und gleichzeitig unmißverständlich seine Meinung zu sagen. Man kann nicht *zwei Herren dienen, Gott und dem Mammon.* Das Geld kommt vom Kaiser, man soll es ihm also abgeben. Der Ausspruch ist sicher nicht römerfreundlich, aber er zeigt auch, daß Jesus kein Anhänger des Widerstandes gegen die Römer war. Das ist schon wegen seiner Sittenlehre unmöglich. Er kennt sehr wohl die gesellschaftliche Wirklichkeit; aber sie ist nicht das Wichtige. Wenn du dich aber in ihr Spiel einläßt, dann mußt du allerdings nach ihren Regeln spielen. *Willfahre schnell deinem Gegner, solange du noch mit ihm unterwegs bist, damit dich nicht der Gegner dem Richter übergebe und der Richter dem Schergen und du wirst ins Gefängnis geworfen. Wahrlich, ich sage dir: Du wirst von dort nicht herauskommen, bis du den letzten Pfennig bezahlt hast* (Mt. 5,25–26).

Es ist schwer, denen beizupflichten, die meinen[129], daß Jesus nicht ohne Grund von Pilatus als ein politischer Aufrührer hingerichtet worden ist oder daß er sogar ein Bandenführer im jüdischen Freiheitskrieg gegen Rom war. Neben dem Prozeß Jesu wird als Hauptgrund für diese Behauptung angeführt, daß Jesus das *Königreich der Himmel* verkündet hat. «Himmel» ist eine Umschreibung für Gott und man glaubte allgemein, daß, wenn das Königreich Gottes kommt, Israel vom Joche der Römer befreit wird. Die römische Okkupationsmacht war damals den meisten Juden verhaßt, und die Partei der Zeloten[130], der «Eiferer», sah den Kampf mit Rom als gottgewollt an und zelotische Terroristen machten das Land unsicher. Einer der zwölf Apostel ist bestimmt einmal Zelote gewesen.[131]

Die Grundlehre der Zeloten «war die Forderung nach der Alleinherrschaft Gottes, die zu einem radikalen Bruch gegenüber den Herrschaftsansprüchen des römischen Kaisers führte; sie war verbunden mit der Erwartung, daß durch den Kampf gegen die römischen Unterdrücker die eschatologische, endzeitliche Befreiung Israels eingeleitet würde»[132]. Doch obwohl es möglich ist, daß auch die Zeloten

Gestempelter Ziegel der zehnten römischen Legion, aus Jerusalem

über das «Königreich der Himmel» gesprochen haben, ist damals gerade dieser Begriff zu einer antizelotischen Parole geworden. Da auch sonst ausgeprägte Ähnlichkeiten zwischen der Idee des Reiches im Rabbinismus und bei Jesus bestehen, wird man annehmen können, daß Jesus den Begriff von jenen Kreisen übernommen und entwickelt hat. Im Essenismus kommt diese Idee nicht vor.

Die Gottesherrschaft bedeutet im Judentum, daß der einzige Gott zwar schon heute «de jure» herrscht, aber erst in der endzeitlichen Zukunft wird sich «de facto» «das Königtum Gottes über allen Erdbewohnern offenbaren»[133]. Wenn jetzt Israel unter dem Joche der Fremdherrschaft ist, wird am Ende Gott allein der König in Zion sein. Diese Hoffnung hegten auch die antizelotischen Kreise, und so dachten auch die Jünger Jesu. Nach der Apostelgeschichte (1,6–8) fragten sie den Auferstandenen: «Herr, stellst du in dieser Zeit für Israel das Reich wieder her?» In der Offenbarung Johannis hören wir den Jubel über den künftigen Fall Roms, aber in den Evangelien schweigt darüber der «historische Jesus». Konnte der Freund der Armen und Verfolgten ein Römerfreund sein? Doch wir verstehen: wenn auch Jesus das Ende Roms vorausgesehen hat, durften die Evangelisten dies nicht erwähnen, um den Begründer ihrer Religion nicht noch verdächtiger zu machen.

Die Fremdherrschaft über Israel ist die Folge seiner Sünden. «Wenn das Haus Israel das Gesetz übertreten wird, dann werden über sie die Völker herrschen, und wenn sie das Gesetz tun werden, wird von ihnen Trauer, Betrübnis und Klage schwinden.»[134] Anders ausgedrückt: «Wenn Israel die Worte des Gesetzes, das ihnen gegeben ward, beobachten würde, dann würde kein Volk und Reich über sie herrschen. Und was sagt denn das Gesetz? Nehmt auf euch das Joch meines Namens und wetteifert untereinander in Gottesfurcht und übt Wohltaten einer gegenüber dem andern.»[135] Darum kann es schon heute einzelne geben, die sozusagen Bürger des Himmelreiches sind. «Ein jeder, der auf sich das Joch des Gesetzes nimmt, von dem wird das Joch der Regierung und das Joch der täglichen Sorgen weggenommen. Wer aber das Joch des Gesetzes von sich lädt, dem gibt man das Joch der Regierung und das Joch der täglichen Sorgen auf.»[136]

Israel muß also nur den Willen Gottes tun wollen, und dann wird ihnen das Himmelreich erscheinen. «Wenn Israel am Schilfmeer gesagt hätte: ‹Er ist König auf Ewigkeit›, würde über ihnen nie ein Volk oder eine Sprache herrschen, aber sie haben gesagt [Ex. 15,18]: ‹Er wird ewig König sein›.»[137] Das ist anscheinend nicht nur gegen die futuristischen Hoffnungen der Apokalyptiker, sondern auch gegen die zelotischen Himmelsstürmer gerichtet. Und als dann die Zeloten die Herrschaft an sich gerissen hatten und der Aufstand von Rom blutig unterdrückt wurde, klagte ein Schriftgelehrter über «die Vorsteher der Städte Judäas, die das Joch des Himmels von sich geladen haben und über sich das Joch des Regiments von Fleisch und Blut aufgesetzt haben»[138]. Diese Anschauung teilte auch Rabban Jochanan ben Sakkai.[139] Und als er nach der Zerstörung des Tempels von Jerusalem die Tochter des Nikodemos sah, wie sie Gerstenkörner aus dem Mist eines Araberpferdes auflas, um ihren Hunger zu stillen, weinte er und sagte: «Selig seid ihr Israel! Wenn ihr den Willen Gottes tut, kein Volk und keine Sprache herrscht über euch. Wenn ihr aber den Willen Gottes nicht tut, dann werdet ihr in die Hand eines niedrigen Volkes ausgeliefert.»[140]

Nach der rabbinischen Literatur wird durch das Erscheinen des Himmelreichs das Joch der Fremdherrschaft von Israel genommen.

Schekel (Vorderseite).
Aus der Zeit des jüdischen Krieges gegen die Römer, 66–70 n. Chr.

Schekel (Rückseite)

Hermann Samuel Reimarus

Die Apokalyptiker[141] meinten, daß dann auch der Satan und seine Mächte ein Ende haben werden, und so dachte auch Jesus. Sonst ist, wie gesagt, der Begriff des Himmelreichs bei Jesus den rabbinischen Vorstellungen verwandt. Auch nach Jesus sind das Kommen der Gottesherrschaft und die Hoffnung auf den endzeitlichen Heiland zwei verschiedene Aspekte der Enderwartung, und die Idee des Gottesreiches und des Menschensohnes werden bei ihm nicht vermischt.[142]

Sowohl nach Jesus als auch bei den Rabbinen kommt zwar das Himmelreich aus der Vollmacht Gottes, aber es verwirklicht sich unter Menschen auf Erden, und es gibt schon jetzt einzelne, die im Königreich Gottes leben. Der Mensch kann und soll also für die Verwirklichung des Reiches wirken: *Tut Buße, denn genaht ist das Reich der Himmel!* (Mt. 4,17)

Der erste, der aus der Verkündigung des Gottesreiches auf die endzeitliche, eschatologische Ausrichtung der Botschaft Jesu hingewiesen hat, war Hermann Samuel Reimarus (1694–1768). Fragmente aus seiner Schrift hat dann bekanntlich Lessing herausgegeben. Von dem Text bei Lessing ausgehend hat dann Albert Schweitzer seine «konsequente Eschatologie» entwickelt: «Nur eine durchaus eschatologische oder durchaus uneschatologische Denkweise Jesu kann in Betracht kommen.»[143] Darin würde ihm allerdings Reimarus nicht beipflichten. In der Endfassung seiner Schrift, die bisher nur handschriftlich vorliegt[144], unterscheidet er zwischen der uneschatologischen, sittlichen Bußpredigt Jesu und «seiner Hauptabsicht, ein Reich aufzurichten»[145]. Die eschatologisierende Linie des modernen Jesusbildes ging aber andere Wege. Vergebens war auch die Warnung des großen Christen und religiösen Sozialisten Leonhard Ragaz: «Ganz unmöglich ist die Vorstellung, daß Jesus sozusagen auf seine Erwartung der Nähe des Gottesreiches eine Art Ethik und Theologie aufgebaut habe. So etwas geschieht wohl in theologischen und philosophischen Studierstuben... Das Verhältnis ist genau umgekehrt, als die eschatologischen Systematiker es auffassen. Nicht die eschatologische Erwartung ist es, die Jesu Verständnis Gottes und der Menschen... bestimmt, sondern umgekehrt bestimmt sein Verständnis Gottes und des Menschen... seine eschatologische Erwartung... Man muß schon eine Professorenbrille vor den Augen haben, um das nicht zu sehen.»[146]

Bei Schweitzer ging es noch um die schmerzende Wahrhaftigkeit, aber bei den späteren Eschatologen geht es oft um eine unverbindliche Bewunderung eines vermeintlichen Paneschatologismus Jesu. Wenn man alle Worte Jesu nur endzeitlich versteht, wobei die Eschatologie bewußt als irreal, das heißt existentiell, gedeutet wird, dann erreichte man, daß die Forderungen Jesu an den Menschen sittlich unverbindlich werden. Ein Neutestamentler hat gesagt, daß das Hinhalten der anderen Backe nur darum erlaubt ist, weil es eine «messianische Lizenz» sei – sonst wäre derlei umstürzlerisch. Das ist richtig gesehen, denn die Verkündigung Jesu ist wirklich umstürzlerisch, subversiv.

Das Königreich Gottes ist bei Jesus wie bei den Rabbinen sowohl gegenwärtig als auch zukünftig, aber die Sicht ist eine andere. Als

Jesus befragt wurde, wann das Reich Gottes komme, sagte er: *Das Reich Gottes kommt nicht so, daß man es beobachten könnte. Man wird auch nicht sagen: Siehe, hier! oder: dort! Denn siehe, das Reich Gottes ist in eurer Mitte* (Lk. 17,20–21). Und er sagte: *Wenn ich mit Gottes Finger die Dämonen austreibe, so ist schon das Reich über euch gekommen* (Lk. 11,20). Einzelne sind also schon im Königreich der Himmel, nicht wie bei den Rabbinen, weil es so immer war, sondern weil es von einem bestimmten Zeitpunkt aus zum Durchbruch des Reiches auf Erden gekommen ist. *Von ... Johannes ... an bis jetzt bricht das Königreich der Himmel durch, und Durchbrecher reißen es an sich* (Mt. 11,12).

Albert Schweitzer

Das ist also die «sich realisierende Eschatologie» Jesu.[147] Er ist der einzige uns bekannte antike Jude, der nicht nur verkündet hat, daß man am Rande der Endzeit steht, sondern gleichzeitig, daß die neue Zeit des Heils schon begonnen hat.[148] Diese neue Zeit beginnt mit Johannes dem Täufer. Dieser ist der große Durchbrecher, aber er gehört dem Reich selbst nicht an. Das Durchbrechen des Königreichs Gottes bedeutet auch sein Ausbreiten unter den Menschen. *Das Reich der Himmel gleicht einem Sauerteig, den eine Frau nahm und unter drei Scheffel Mehl mengte, bis es ganz durchsäuert ward* (Mt. 13,33). Und über das Wachsen des Himmelreichs sagte auch Jesus: *Das Reich der Himmel gleicht einem Senfkorn, das ein Mensch nahm und auf seinem Acker säte. Und es wuchs und ward zum Baum und die Vögel des Himmels kamen und nisteten in seinen Zweigen* (vgl. Lk. 13,18–19).

Ein ähnliches Bild finden wir in dem essenischen Hymnenbuch.[149] Der Dichter vergleicht die Gemeinde mit einem Baum, «um dessen sprießendem Laub all Getier des Waldes weidet ... und sein Gezweig allen Vögeln. Aber es erheben sich über ihn die Wasserbäume alle» – ein Symbol für die frevlerische Umwelt. Der Baum des Lebens selbst ist verborgen, «unbeachtet und unerkannt bleibt seines Geheimnisses Siegel». Gott selbst umschirmt sein Geheimnis – der Außenstehende «sieht, ohne daß er erkennt, und denkt, ohne der Quelle des Lebens zu glauben». Das erinnert an das Wort Jesu: *Euch ist gegeben, das Geheimnis des Reiches der Himmel zu wissen, aber jenen ist es nicht gegeben* (Mt. 13,11–15). Doch viel wichtiger ist, daß das Gleichnis vom Senfkorn dem essenischen Symbol für die Gemeinde ähnelt. So ist es: das Himmelreich ist bei Jesus nicht nur die endzeitliche Herrschaft Gottes, die schon jetzt einbricht, sondern auch eine göttlich gewollte Bewegung, die sich auf Erden, unter den Menschen verbreitet. Es ist nicht nur – wie sonst im Judentum – ein Königtum, sondern auch ein Königreich Gottes: ein Gebiet, das größer wird und immer mehr Menschen umfaßt, in das man eintreten kann und dort sein Erbe findet, in dem es Große und Kleine gibt. Darum hat Jesus die Zwölf berufen, damit sie *Menschenfischer*[150] werden und überall heilen und verkünden: *Genaht ist das Reich der Himmel* (Mt. 10,5 bis 16). Darum hat er von einigen verlangt, sie sollen alles hinter sich lassen und ihm folgen. Wir wollen nicht behaupten, daß Jesus eine Kirche gründen wollte, oder sogar nur eine Gemeinde, aber eine Bewegung hat er gewollt. Wenn man es überspitzt ekklesiologisch ausdrücken darf: Das Durchbrechen des Gottesreiches ist ein Prozeß, in dem am Ende die unsichtbare Kirche mit der sichtbaren identisch wird.

In der Botschaft vom Reich erfüllt sich, was Jesus erkannt und gewollt hat. Da wird die unbedingte Liebe Gottes zu allen sichtbar werden und die Grenzen zwischen Sündern und Gerechten werden gesprengt. Die Menschenwürde wird null und nichtig werden und die *Letzten werden die Ersten und die Ersten die Letzten sein.* Die *Armen* und die *Hungrigen*, die *Demütigen*, die *Trauernden* und die *Verfolgten werden das Reich der Himmel erben.* Doch nicht das Soziale scheint in Jesu Botschaft vom Reiche das Entscheidende zu sein: in seiner Umwälzung geht es hauptsächlich um eine Umwertung aller üblichen moralischen Werte, und darum gilt seine Verheißung besonders den Sündern: *Wahrlich, ich sage euch: Die Zöllner und die Dirnen kommen vor euch in das Reich Gottes!* (Mt. 21,31–32) Jesus findet Anklang bei den Parias und Verachteten, und so war es, nach seinen Worten, schon bei Johannes dem Täufer: *die Zöllner und die Dirnen haben ihm geglaubt.*

Auch die nicht endzeitliche Sittenlehre Jesu konnte vermutlich auf die Botschaft vom Reich ausgerichtet sein.[151] Da der Satan und seine Geister entmachtet werden und die gegenwärtige Weltordnung in sich zusammenbricht, soll man sie fast als indifferent betrachten und sie nicht durch Widerstand stärken. Darum soll man *nicht dem Bösen widerstehen*, darum soll man den Feind lieben und das Römerreich nicht zum Eingreifen reizen. Denn all dies wird bei dem Durchbruch des Gottesreiches vergehen.

DER SOHN

Jesus erscheint in den Evangelien als ein Wundertäter. Aus der rabbinischen Literatur wissen wir über vier solche Männer, die noch vor der Zerstörung des zweiten Tempels wirkten. Zwei [152] von ihnen waren Galiläer, und gerade über sie ist auch zufällig überliefert, daß sie sehr arm waren. Einer der zwei war der Tagelöhner Abba Hilkia.[153] Als einmal zwei Schriftgelehrte [154] zu ihm geschickt wurden, damit er um Regen bete, benahm er sich zu ihnen recht sonderbar: das beruhte sicher teilweise auf einer Spannung zwischen dem Wundermann und den Schriftgelehrten. Der zweite Galiläer, Rabbi Hanina bar Dossa, lebte eine Generation nach Jesus und war durch seine Wunderheilungen berühmt. Über ihn sagte die himmlische Stimme: «Die ganze Welt wird ernährt wegen meines Sohnes Hanina – und mein Sohn Hanina begnügt sich mit ein wenig Johannisbrot für eine Woche.»[155]

Es ist kein Zufall, daß Hanina die Hallstimme als «mein Sohn» bezeichnet hat. Ein Wundertäter ist Gott näher als andere Menschen. Als Hanina den Sohn von Rabban Jochanan ben Sakkai durch Gebet geheilt hatte [156], sagte die Frau des Schriftgelehrten: «Ist denn Hanina größer als du?» Da antwortete er: «Das nicht, aber er ist wie ein Sklave vor einem König, und ich bin wie ein hoher Beamter vor einem König.»

Ähnliches erfahren wir über Honi «dem Kreiszieher»[157], der im Frühling des Jahres 65 v. Chr. starb. Als er einmal gebeten wurde, um Regen zu beten, zog er einen Kreis um sich und betete: «Gebieter der Welt, Deine Kinder haben sich an mich gewandt, weil ich vor Dir wie ein Hausgenosse bin. Ich schwöre bei Deinem großen Namen, daß ich von hier nicht weiche, ehe Du Dich Deiner Kinder erbarmst.» Als dann der Regen kam, tadelte ihn das damalige Haupt der Pharisäer, Schimeon ben Schatah, wegen seiner dreisten Handlung: «Wärest du nicht Honi, ich belegte dich mit Bannspruch. Aber was soll ich mit dir tun? Denn du schmeichelst dich ja bei Gott ein und er tut dir, was du willst, wie wenn sich ein Sohn bei seinem Vater einschmeichelt und er tut, was der Sohn will. Wenn er ihm sagt: Vater [Abba], laß mich warm baden oder übergieße mich kalt, gib mir Nüsse, Mandeln, Aprikosen, Granatäpfel, so gibt er's ihm.» Der gottnahe Wundertäter ist wie ein Hausgenosse Gottes, wie sein Sohn.

Jesus und die Blutflüssige.
Aus einer römischen Katakombe.
Ende des 3. Jahrhunderts

Honi wurde im Bürgerkrieg zwischen den Makkabäerbrüdern Aristobulos und Hyrkanos getötet. Josephus[158] berichtet, daß er sich wegen des Krieges verborgen hielt, aber man holte ihn doch in das Lager des Hyrkanus, damit er den in Jerusalem belagerten Aristobulos verfluche. Da er ein solches Anliegen ablehnte, tötete man ihn. Ein mittelalterlicher hebräischer Autor[159] hat richtig gesehen, daß Josephus die mündliche Überlieferung über Honis Tod aus Mißverständnis erweitert hat; darum ließ er in seiner Wiedergabe die Begründung des Verborgenseins Honis aus. Denn Honi verbarg sich offenbar nicht aus Furcht vor dem Krieg, sondern so war es die Sitte des frommen Wundertäters; er war ein verborgener Gerechter wie später Hanan «der Verborgene». «Wenn die Welt des Regens bedurfte, pflegten die Schriftgelehrten Schulkinder zu Hanan zu schikken, die den Saum seines Mantels anfaßten und zu ihm sagten: ‹Väterchen, Väterchen [Abba, Abba[160]], gib uns Regen!› Da sprach er vor Gott: ‹Gebieter der Welt, tu es doch um dieser willen, die nicht unterscheiden zwischen einem Abba [Vater], der Regen geben und einem Abba, der nicht Regen geben kann.› Warum nannte man ihn Hanan der Verborgene? Weil er sich zu verbergen pflegte.»[161]

Wir sehen: es gab damals eine verständliche Spannung zwischen wundertätigen Charismatikern und dem Schriftgelehrtenstand. Daß ein solcher Heiliger aus Zwang oder aus freiem Willen arm zu sein pflegt, ist auch nicht verwunderlich. Und daß ein Heiliger die Wunder im Verborgenen vollbringt, gehört zu dieser Art von Menschen. Dies alles gilt, menschlich gesprochen, auch für Jesus. Darum hat also Jesus den Geheilten befohlen, über ihre Heilung nicht öffentlich zu sprechen, und das war anscheinend einer der Gründe, warum er das Geheimnis seiner göttlichen Erwählung nicht ganz preisgeben wollte.

Wir haben gesehen, wie über drei von den vier Wundertätern aus der Zeit des zweiten Tempels berichtet wird, daß ihre Beziehung zu Gott die des Sohnes zum Vater war. Der früheste, Honi, betet zu Gott wie sein Hausgenosse und wird verglichen mit einem Sohn, der sich beim Vater einzuschmeicheln pflegt. Hanina steht vor Gott wie sein persönlicher Knecht und wird von der himmlischen Stimme als «mein Sohn» angesprochen, Hanan «der Verborgene» greift das «Abba, Abba» der Schulkinder auf und bezeichnet im Gebet Gott als «den Vater [Abba], der Regen geben kann». Kann es also anders gewesen sein, als daß solche heilige Männer, die zu Gott wie ein Sohn zum Vater standen, auch Gott mit «Vater» [Abba] angesprochen haben? So pflegte es ja Jesus zu tun.[162]

Wenn Jesus zu Gott wie sein Sohn steht, so ist es mehr als die Gottesnähe des Wundertäters. Seine Sohnschaft ist für ihn auch die Folge seiner Erwählung durch die Himmelsstimme bei der Taufe. Als

Sohn kennt er seinen Vater im Himmel. *Ich danke dir, Vater, Herr des Himmels und der Erde, daß du dies verborgen hast vor Weisen und Verständigen und hast es Einfältigen geoffenbart. Ja, Vater, so geschah dein Gutwille vor dir. Alles ward mir übergeben von meinem Vater, und niemand kennt*[163] *den Sohn als nur der Vater, noch kennt den Vater jemand als nur der Sohn und wem es der Sohn will offenbaren* (Mt. 11,25–27).[164]

Bis zur Entdeckung des essenischen Schrifttums vom Toten Meer haben wir ein solches hohes Selbstbewußtsein im antiken Judentum nicht gekannt. Jetzt aber wissen wir: der Jubelruf Jesu folgt der essenischen Hymnendichtung.[165] Das Lied Jesu beginnt mit demselben Wort wie die meisten Gebete des Hymnenbuchs, und auch der rhythmische Aufbau ist ähnlich. Ähnlich wie Jesus sagt auch der essenische Autor, daß er «den Einfältigen zur Klugheit» wird.[166] Diese Klugheit ist, wie bei Jesus, das Wissen um die Mysterien Gottes. «Durch mich hast Du das Angesicht Vieler erleuchtet und Stärke erwiesen zu unzähligen Malen, denn Du hast Deine wunderbaren Mysterien mir offenbart und durch das Geheimnis Deines Wunders meinen Stand gestärkt und hast wunderbar gehandelt um Deiner Ehre willen vor Vielen und um kundzutun Deine Machttaten allem, was lebt» (Hymnenbuch 4,27–29). Das ist das Bewußtsein des charismatischen Apokalyptikers, der zu den Mysterien Gottes Zugang hat und durch sie «das Antlitz vieler erleuchtet».

Nach den Evangelien wurde Jesus von der Hallstimme schon bei der Taufe als «Sohn» angesprochen, aber es besteht eine berechtigte Vermutung, daß er damals nur als der erwählte Knecht Gottes bezeichnet wurde. Erst die Stimme bei der Verklärung hat ihn wirklich den Sohn genannt: Jesus nahm Petrus, Johannes und Jakobus mit und stieg auf einen

Berg, und sein Gesicht ward ein anderes, und seine Kleider wurden strahlend weiß, und Moses und Elia redeten mit ihm. Und als sie von ihm schieden, sprach Petrus zu Jesus: «Rabbi, hier ist für uns gut sein und wir wollen drei Hütten machen, dir eine und Moses eine und Elia eine.» Und es kam eine Wolke und überschattete sie, und eine Stimme kam aus der Wolke: «Das ist mein einziger[167] Sohn, auf ihn hört.» Und Jesus befand sich allein (vgl. Lk. 9,28–36).

Schon E. Meyer[168] sah die Vision als wirklich an. Bedeutend ist die Hallstimme; die Worte «auf ihn hört» werden durch den Spruch Mosis verständlich: «Einen Propheten aus deiner Mitte, aus deinen Brüdern wird dir der Herr dein Gott erwecken, auf ihn hört!» (Dt. 18,15) Und daß auch die zwei großen alten Propheten Moses und Elia erschienen sind, bestärkt den Sinn der Stimme: Jesus ist der prophetische Verkünder, auf den schon das Alte Testament gewiesen hat. Dabei nennt die Stimme Jesus den einzigen Sohn, wie Gott zu Abra-

Opferung Isaaks.
Mosaik aus der Synagoge von Beth Alpha, 5. Jahrhundert n. Chr.

ham sprach: «Nimm deinen einzigen Sohn, den du liebst, den Isaak ... und opfere ihn ... als Brandopfer ...» (Gen. 22,2) Das weist auf das künftige Martyrium Jesu hin. Lukas (9,31) sagt ja auch, daß bei der Verklärung Moses und Elia mit Jesus «von seinem künftigen Hinscheiden in Jerusalem gesprochen haben».

Jesus verbindet sein Bewußtsein der Sohnschaft, seine Bestimmung als prophetischer Künder und das Wissen um sein tragisches Ende auch in dem Gleichnis von den Weingärtnern (vgl. Lk. 20,9–19). Das Wort wurde vor dem Ende Jesu, im Tempel, angesichts der Hohepriester gesprochen. Der Herr des Weinbergs *sandte zu den Weingärtnern einen Knecht, um seinen Ertrag in Empfang zu nehmen; die Weingärtner aber schlugen ihn und sandten ihn zurück. Und wieder sandte er zu ihnen einen andern Knecht, sie aber schlugen ihn und beschimpften ihn. Und er sandte einen andern, sie aber verwundeten auch diesen und brachten ihn hinaus. Endlich sandte er zu ihnen seinen Sohn und meinte, sie werden sich vor ihm scheuen. Doch als ihn die Weingärtner sahen, sagten sie zueinander: «Dies ist der Erbe, lasset uns ihn töten, und unser wird das Erbe sein!» Und sie brachten ihn hinaus aus dem Weinberg und töteten ihn. Was wird der Herr des Weinbergs mit ihnen tun? Er wird kommen und diese Weingärtner umbringen und den Weinberg anderen geben.* Und sie trachteten ihn zu fassen – aber fürchteten die Menge, denn sie merkten, daß er dieses Gleichnis auf sie gerichtet hatte.

Wir sind inmitten des Zusammenstoßes Jesu mit der sadduzäischen Tempelaristokratie, der zu seinem Tode führen sollte. Die Hohepriester haben das Gleichnis richtig verstanden: sie sind die bösen Weingärtner, die ihres Amtes wegen das Monopol über das Volk Gottes haben – denn der Weinberg ist das Volk Israel[169] –, sie werden aber umkommen und Gott *wird den Weinberg anderen geben.* Das geschah dann wirklich nach der Zerstörung des Tempels, als diese priesterliche Schicht umkam und verschwunden ist. Die Knechte, die zu den Weinbauern gesandt wurden, sind die prophetischen Gottesboten, die verfolgt und getötet wurden. Zu denen gehört auch Jesus, der Sohn. Es gibt ein jüdisches Gleichnis[170] von einem Gutsherrn und seinen bösen, diebischen Pächtern. Der Gutsherr nahm ihnen das Gut weg und gab es ihren Söhnen, aber die waren noch schlimmer als ihre Väter. Da ward dem Gutsherr ein Sohn geboren; er vertrieb sie also und setzte seinen Sohn über das Gut ein. Eine ähnliche Parabel kannte anscheinend schon Jesus, aber er bog sie ins Tragische ab; diesmal wird der Sohn getötet.

Jesu Sohnschaft führt also nicht zum Leben, sondern zum Tode, den schon manche Propheten vor ihm erlitten haben. Seit der Verklärung war das Bewußtsein seiner Gotteskindschaft mit der Ahnung,

Weinlese.
Aus einem Mosaik aus der Gegend von Beth Schean, 5. Jahrhundert n. Chr.

daß er sterben mußte, verbunden. Schon vor dem Einzug nach Jerusalem ahnte er also sein tragisches Ende. Aber dieses Wissen von der Sohnschaft ist bei Jesus kaum mit seinem messianischen Selbstbewußtsein identisch. Das Bild des Martyriums als sühnendes Opfer war zwar damals im Judentum bekannt, doch es ist ein befreiendes Ergebnis der philologischen Akribie, wenn man durch die kühle Analyse der Texte feststellen kann, daß Jesus nicht sterben wollte, um durch sein kurzes Leiden die Sünden der anderen zu sühnen. Er hat sich auch nicht als der leidende und sühnende Gottesknecht aus Jesaia verstanden – das geschah in der jungen Kirche erst nachträglich, nach der Kreuzigung.[171] Jesus hat weder mythisch noch spitzfindig aus alten Texten seinen Tod ausgeklügelt und dann ausgeführt[172]: er war kein «Christus im Feste», denn er rang mit sich um seinen Tod bis zu seinem Ende.

«Dann zogen Jesus und seine Jünger in die Dörfer von Cäsarea Philippi. Da fragte er sie: *Was sagen die Leute, daß ich sei?* Und sie sagten: ‹Johannes der Täufer, andere: Elia, wieder andere: einer der Propheten.› Da sagte er ihnen: *Ihr aber – was sagt ihr, wer ich sei?* Und Petrus sagte: ‹Der Messias.› Und er herrschte sie an, sie sollten zu niemandem über ihn reden» (vgl. Mk. 8,27–30). Und nach Matthäus (16,17–19) sagte er damals zu Petrus: *Selig bist du, Simon Sohn des Jona, denn Fleisch und Blut hat es dir nicht geoffenbart, sondern mein Vater in den Himmeln.*[173]

Nach diesem Bericht hielten also die Menschen Jesus für einen Propheten: der Täufer wurde vom Volk mit dem wiedergekommenen Propheten Elia gleichgesetzt, und der Glaube an die Rückkehr des Elia war nur eine besondere Form der Hoffnung auf die Erneuerung der Prophetie durch einen endzeitlichen Propheten.[174] Auch Jesus selbst hat sich, wie gesagt, als Prophet verstanden; er sagte ja, er gehe nach Jerusalem, *denn es geht nicht an, daß ein Prophet außerhalb Jerusalems umkomme* (Lk. 13,33). Auch im übrigen Neuen Testament finden wir klare Spuren dieser Auffassung und die judenchristlichen Sekten der Ebioniten und Nazarener waren sich in der Betonung der prophetischen Würde Jesu einig.[175] Die Berichte der Evangelien scheinen der Möglichkeit zu widersprechen, daß Jesus sich als den endzeitlichen Propheten par excellence verstanden hat.

Die Worte Jesu zu Petrus bei Matthäus haben einen echten Klang. Wird man also, im Einklang mit dem kirchlichen Glauben, meinen können, Jesus habe sich als der Messias verstanden, oder wird man doch denen beipflichten müssen, die behaupten, Jesu Leben sei «unmessianisch» gewesen?[176] Die zweite Behauptung stützt sich auf die Tatsache, daß Jesus selbst anscheinend nie das Wort «Messias» benutzt hat und von dem «Menschensohn» immer in der dritten Person gesprochen hat, als wäre er mit ihm nicht identisch. Dabei zerfallen die Menschensohnworte in den Evangelien in drei Gruppen: sie reden erstens vom kommenden Menschensohn, zweiten sprechen sie von seinem Leiden und Auferstehung und drittens gibt es Aussprüche, in denen Jesus sozusagen vom gegenwärtig wirkenden «Menschensohn» spricht. So sagt er zum Beispiel: *Die Füchse haben Gruben und die Vögel des Himmels Nester, aber der Menschensohn*[177] *hat nicht, wo er sein Haupt hinlegen kann* (Mt. 8,19–20). Hier und in anderen Sprüchen bedeutet das aramäische oder hebräische «Menschensohn» einfach «Mensch». Diese Gruppe hat also mit der endzeitlichen Hoffnung Jesu nichts zu tun. Die zweite Gruppe ist sicher eine Bildung des jungen Christentums: das Judentum kannte nicht die Vorstellung eines leidenden und auferstehenden «Menschensohns». Für die Lehre Jesu vom Heiland kommen also nur die Aussprüche in Betracht, die vom kommenden Menschensohn sprechen.

Im Alten Testament kommt der Menschensohn im Buch Daniel vor. Dort (7,9–14) wird von dem künftigen göttlichen Gericht gegen die Weltreiche in Form einer Vision berichtet: «Ich schaute, da wurden Throne aufgerichtet und ein Hochbetagter [Gott] setzte sich nieder ... Das Gericht setzte sich nieder und Bücher wurden aufgetan ... Ich schaute in den Nachtgesichten, und siehe, mit den Wolken des Himmels kam einer, der einem Menschensohn glich, und gelangte bis zu dem Hochbetagten, und er wurde vor ihn geführt. Ihm wurde Macht verliehen und Ehre und Reich, daß die Völker aller Nationen und Zungen ihm dienten. Seine Macht ist eine ewige Macht, die niemals vergeht, und nimmer wird sein Reich zerstört.»

Bei Daniel ist der Menschensohn ein Symbol für die «Heiligen des Höchsten» (7,7–27); wie wir jedoch aus anderen Schriften, hauptsächlich aus dem «äthiopischen» Henochbuch, lernen, ist diese Gleichsetzung sekundär. Der Menschensohn ist ursprünglich der menschenähnliche endzeitliche Richter. So sprach von ihm auch Jesus: *Wenn aber der Menschensohn kommt in seiner Herrlichkeit und alle Engel mit ihm, dann wird er sich setzen auf den Thron seiner Herrlichkeit. Und es werden vor ihm versammelt werden alle Völker und er wird sie voneinander scheiden wie der Hirte scheidet die Schafe von den Böcken, und er wird die Schafe auf seine rechte, die Böcke aber auf seine linke Seite stellen. Dann wird der König sagen zu denen auf seiner Rechten: Kommt her, ihr Gesegneten meines Vaters, ererbt das Reich, das euch von Grundlegung der Welt vorbereitet ist! ... Dann wird er auch sagen zu denen zur Linken: Gehet hinweg von mir, ihr Verfluchten, in das ewige Feuer, das bereitet ist dem Teufel und seinen Engeln! ... Und es werden hingehen diese zu ewiger Strafe, die Gerechten aber zu ewigem Leben* (Mt. 25,31–46).

In allen Quellen wird die Gestalt des Menschenähnlichen immer mit denselben wenigen Strichen scharf gezeichnet. Der Menschensohn ist von einer übermenschlichen, himmlischen Erhabenheit; er ist der endzeitliche kosmische Richter: auf dem Throne Gottes sitzend, mit Hilfe der himmlischen Heerscharen wird er die ganze Menschheit richten, die Gerechten zur Seligkeit und die Frevler zum Höllenpfuhl, und seinen Rechtsspruch wird er auch vollstrecken. Manchmal wird er ausdrücklich mit dem Messias gleichgesetzt [178], aber er kann auch mit dem biblischen Henoch, der in den Himmel entrückt ward, identifiziert werden.[179] Nach dem Testament Abrahams [180] ist der Menschensohn – hebräisch Ben Adam – wörtlich der Sohn Adams, nämlich der biblische Abel, den der böse Kain erschlagen hat, denn Gott wollte es, daß jeder Mensch durch einen Menschen gerichtet wird. Im zweiten Gericht werden dann die zwölf Stämme Israels die Schöpfung richten und erst im dritten Gott selbst. Diese apokalyptische Überlieferung erklärt uns, warum Jesus zu den Zwölf gesagt hat: *Ihr, die in meinen Anfechtungen bei mir ausgeharrt habt, wenn der Menschensohn auf dem Throne seiner Herrlichkeit sitzen wird... auch ihr werdet auf Thronen sitzen, richtend die zwölf Stämme Israels* (vgl. Mt. 19,28; Lk. 22,28–30).

In einem essenischen Fragment[181] ist der endzeitliche Weltenrichter der alttestamentliche Priesterkönig Jerusalems Melchizedek, der zur Zeit Abrahams lebte. Er wird zusammen mit den Engeln von der Höhe die Menschen und die Frevelgeister Belials richten. Auf ihn wird das Psalmwort gedeutet: «Gott steht in der Gottesgemeinde, im Ring der Gottwesen hält er Gericht» (Ps. 82,1). Auch sonst versteht manchmal die jüdische Tradition das Wort «Gott» in einem Bibelvers einfach als Richter, aber die essenische Gleichsetzung bezeugt doch gleichzeitig, was für eine Hoheit dem «menschenähnlichen» Richter der Endzeit zuerkannt werden konnte.

Die Anschauung, daß der Vollstrecker des letzten Gerichts der biblische Melchizedek sein wird, beruht auf dem Psalm 110: «Spruch des Ewigen an meinen Herrn: Sitze zu meiner Rechten... Du bist Priester ewiglich, nach der Weise des Melchizedek...» Das hebräische «nach der Weise» konnte man auch so verstehen, daß sich in diesem Psalm Gott an Melchizedek selbst wendet; so hat es der essenische Autor verstanden. Nach dem gewöhnlichen Verständnis ist der, welcher zur Rechten Gottes zu Gericht sitzen wird, nicht Melchizedek selbst, sondern nur in der Art von Melchizedek. So hat Jesus den Psalm verstanden. Einmal – nach Mk. 12,35–37 – zitiert er den Anfang des Psalm 110 in bezug auf den Messias. Das zweite Mal, vor seiner Auslieferung an die Römer, spielt er auf die Worte des Psalms an, als ihn der Hohepriester gefragt hat, ob er der Messias sei. Da sagte er: *Von nun an wird der Menschensohn zur Rechten der Kraft sitzen* (Lk. 22,69). Die Anwesenden verstanden es damals mit Recht als ein indirektes Bekenntnis Jesu zu seiner messianischen Würde.

Jesus wurde sicher schon zu seinen Lebzeiten von manchen für den Messias gehalten, und Petrus war nicht der einzige, der ihn dafür hielt. Sonst hätte Pilatus nicht auf das Kreuz Jesu «König der Juden» schreiben lassen.[182] Andererseits zeigt der Inhalt mancher Aussprüche klar, daß Jesus sicher nicht immer darum von dem kommenden Menschensohn als von einem anderen gesprochen hat, weil er sein messianisches Inkognito wahren wollte. Er hat also vorerst auf einen anderen gewartet, aber schließlich mußte er sich mehr und mehr überzeugt haben, daß er selbst der kommende Menschensohn

Der Menschensohn. Vom Genter Altar der Brüder Hubert und Jan van Eyck. Gent, St. Bavo

Jerusalem

sei. Sonst wäre das Gespräch bei Cäsarea Philippi, die Worte Jesu an Petrus und Jesu Antwort an den Hohepriester unverständlich. Besonders dieses Wort kann schwerlich eine kirchliche Erfindung sein, denn die Evangelisten haben an ihm herumgebastelt, weil es ihnen als Bekenntnis Jesu zu seiner Messianität nicht eindeutig genug schien.[183]

Der menschenähnliche, auf dem Throne der Herrlichkeit Gottes sitzende, erhabene endzeitliche Richter ist die höchste Vorstellung vom Heiland, die je das antike Judentum entwickelt hat. Nur ein Maler hat sie erfaßt: Van Eyck, als er den Menschensohn auf dem Genter Altar dargestellt hat, ein menschliches Wesen, das göttlich ist.[184] Konnte sich Jesus von Nazareth so verstanden haben? Vergessen wir nicht, daß er gefühlt hat, er sei der Erwählte Gottes, sein Knecht, der einzige Sohn, vor dem die Geheimnisse seines himmlischen Vaters offen liegen. Gerade dieses Hoheitsgefühl konnte bei ihm dazu führen, daß er sich offenbar am Ende gerade mit dem Menschensohn gleichzusetzen getraute – und der Menschensohn wurde im Judentum manchmal als der Messias verstanden.

Im Neuen Testament gehört der Tod Jesu zu seiner Messianität, aber bei Jesus selbst hatte seine Todesahnung kaum mit der Idee des Menschensohns zu tun. Er, der befohlen hat, *dem Bösen nicht zu widerstehen*, ging seinem Ende widerstandslos entgegen. Hat er am Ende erkannt, daß seine Hinrichtung die Krone seiner Umwertung aller üblichen Werte sei? Denn durch sie wurde wirklich das Oberste zum Untersten und das Unterste zum Obersten: «... ist ja auch Christus einmal gestorben der Sünden wegen, der Gerechte für die Ungerechten, damit er euch zu Gott zuführe» (1. Petri 3,18).

Der Turm Phasael in Jerusalem, erbaut von Herodes dem Großen

JERUSALEM

«Damals kamen einige Pharisäer herbei und sagten zu ihm: ‹Geh und zieh von hier weg, denn Herodes will dich töten!› Und er sagte zu ihnen: *Geht hin und sagt diesem Fuchs: siehe, ich treibe böse Geister aus und vollbringe Heilungen heute und morgen und am dritten Tag bin ich am Ziel. Doch heute und morgen und am folgenden Tag muß ich wandern, denn es geht nicht an, daß ein Prophet außerhalb Jerusalems umkomme*» (Lk. 13,31–33).

Jesus ist für Herodes Antipas der von ihm geköpfte Täufer, der von

Der Tempelplatz.
Blick auf das Goldene Tor

Herodianische Steine aus der Klagemauer des Tempels in Jerusalem

den Toten auferstanden ist, und er trachtet ihm nach dem Leben. Jesus weiß also, daß sein Leben bedroht ist – eine himmlische Stimme kommt nie aus einem gänzlich heiteren Himmel –, aber nicht am See Galiläas, wo er das Königreich der Himmel verkündete, will er sterben, sondern in Jerusalem, *das die Propheten tötet und die steinigt, die zu ihm gesandt sind* (Lk. 13,34). Der äußere Grund für seine Pilgerfahrt war aber ein anderer: es nahte das Passahfest, an dem die Juden nach Jerusalem zu pilgern pflegten, um dort das Passahlamm zu opfern und das Fest der Befreiung aus der Knechtschaft Ägyptens zu feiern. Auch Jesus hat sich *herzlich gesehnt, dieses Passahlamm* mit seinen Jüngern in Jerusalem *zu essen.*[185] So begann sein Leidensweg.

Als sich Jesus der Stadt näherte, ließ er sich durch zwei Jünger einen Esel holen, und auf dem ritt er in Jerusalem ein. Als er dort einzog, wurde er mit dem Ruf: «Hoschana» und mit dem Psalmenwort (118,26) empfangen: «Gesegnet, der da kommt in Seinem Namen.» Diese Worte wurden an den Pilgerfeiertagen gesungen und wurden damals auch den nach Jerusalem kommenden Pilgern entgegengerufen.[186] Daß man auf seinen Weg Gewänder ausbreitete[187], war vielleicht eine Ehrung für den Propheten Jesus aus Galiläa (Mt. 21,11). Er zog in Jerusalem ein, besuchte den Tempel und ging dann nach

Bethanien, ein Dorf in der Umgebung Jerusalems. Dort hat er in seinen letzten Tagen bei Freunden übernachtet[188]; am Tag pflegte er nach Jerusalem zu gehen und im Tempel zu lehren. Die Behörden des Tempels fragten ihn zwar, in welcher Vollmacht er dies tue, aber er antwortete: *Auch ich werde euch eine Frage fragen: die Taufe Johannis, war sie vom Himmel oder von Menschen?* Das brachte die Frager in Verlegenheit. Die sadduzäische Tempelbehörde liebte den Täufer nicht, und darum konnten sie nicht sagen, die Taufe Johannis wäre vom Himmel. Aber zu sagen, die Taufe Johannis wäre von Menschen, wagten sie nicht, denn sie fürchteten die Menge, für die der Täufer ein Prophet Gottes gewesen ist. Darum sagten sie nur: «Wir wissen nicht.» Und Jesus sagte ihnen: *Und auch ich sage euch nicht, in welcher Vollmacht ich dies tue.* Und dabei blieb es (vgl. Mk. 11,27–33).

Dieses Scharmützel eröffnet eine Reihe von Zusammenstößen zwischen Jesus und der Tempelhierarchie, in denen er bewußt der Handelnde ist und die Menge, der die sadduzäischen Hohepriester verhaßt sind, an sich reißt. Seine prophetische Entrüstung war echt, aber was wollte er erreichen? Mit göttlicher und menschlicher Hilfe sein Anliegen zum Durchbruch bringen, ohne sterben zu müssen, oder einen Prophetentod sterben? Nach dem alten Bericht kam der erste Angriff Jesu gleich nach dem Gespräch über die Taufe Johannis:

Griechische Inschrift, die verkündet,
daß Nichtjuden der Zutritt in den Tempel bei Todesstrafe verboten ist

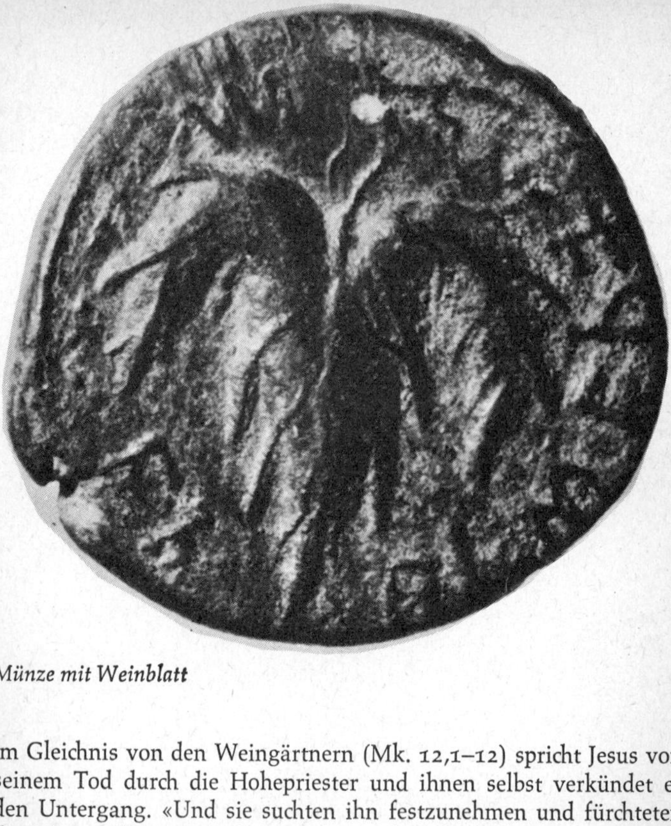

Münze mit Weinblatt

im Gleichnis von den Weingärtnern (Mk. 12,1–12) spricht Jesus von seinem Tod durch die Hohepriester und ihnen selbst verkündet er den Untergang. «Und sie suchten ihn festzunehmen und fürchteten die Menge, denn sie merkten, daß er auf sie das Gleichnis gesagt.»

So lehrte er täglich im Tempel, aber die Hohepriester suchten sein Verderben, doch sie fürchteten sich, weil die ganze Menge an seinem Munde hing.[189] Einmal, als einige über das Heiligtum sagten: «Was für Steine und was für Bauten!», sagte er: *Seht ihr dies alles? Kein Stein wird auf dem andern bleiben, der nicht zerstört wird* (vgl. Lk. 21,5–6). Und nach vierzig Jahren ging der Tempel wirklich in den Flammen der Römer auf. Die unerträgliche römische Unterdrückung führte zu Aufständen und Terrorakten der Eiferer, und das Heiligtum in Jerusalem war ein Bollwerk der verhaßten Sadduzäer, die mit Rom paktierten. Unbehagen macht hellsichtig, und viele haben die Zerstörung des Tempels vorhergesehen. So geschah zum Beispiel am Laubhüttenfest des Jahres 62 n. Chr., daß Jeschua Sohn Ananias, ein einfacher Bauer, im Tempel vom Geiste ergriffen ward und plötzlich einen prophetischen Weheruf ausstieß, in dem er die Zerstörung des Tempels vorhersagte, und wie besessen wiederholte er seinen Schrei Tag und Nacht in den Straßen Jerusalems. Die Behörden brachten ihn vor den römischen Landpfleger Albinus; der ließ ihn bis an die Knochen geißeln, aber der Mann wiederholte nur seinen gräßlichen Spruch. Da ließ ihn der Landpfleger laufen, denn er sah ihn als wahnsinnig an.[190]

Jesus hat in Jerusalem seinen Widerstand gegen die Mißstände im Tempel nicht nur durch Worte, sondern auch durch eine Tat ausgedrückt. Wie oft an heiligen Stätten blühte damals auch im Tempel Jerusalems ein reger Handel. Jesus war nicht der einzige, dessen Unmut die Tische der Wechsler und die Sitze der Taubenverkäufer am Orte der Heiligung erweckt haben[191], aber erst nach dem Tode

Judaea Capta.
Römische Münze, die den Sieg der Römer über die Juden feiert

Kaiser Vespasian.
Unter seiner Herrschaft wurde der Tempel zerstört

Jesu fanden die Schriftgelehrten praktische Maßnahmen, um den Handel, der für den Opferdienst im Tempel nötig war, aus dem Gebiet des Tempels zu entfernen. Doch als Jesus den Tempelbezirk besucht hat, war die Lösung noch nicht gefunden. «Und nachdem er in den Tempel hineingegangen war, begann er die Händler wegzuschaffen und sprach zu ihnen: *Es steht geschrieben*[192]: *‹Denn mein Haus, das Haus des Gebets wird es gerufen werden›; ihr aber macht es zu einer Räuberhöhle»*[193] (vgl. Lk. 19,45–46).[194] Nach Johannes hat dabei Jesus auch das Wort gesprochen: *Ich werde diesen mit Händen gemachten Tempel zerstören und nach drei Tagen einen andern aufbauen, der nicht mit Händen gemacht ist* (Mk. 14,58; vgl. Mt. 26,61). Nur nach Markus (14,57–59) ist das Wort nicht echt.[195]

Das Wort ist anscheinend nicht ganz in der ursprünglichen Form überliefert: die drei Tage hängen mit der Anschauung zusammen, daß Jesus am dritten Tag auferstanden ist. Dagegen war das Wort wirklich ursprünglich in der ersten Person gesagt. Jesus sprach in Gottes Namen[196] im Geiste der jüdischen Apokalyptik[197]: der gegenwärtige Tempel wird zerstört und ein anderer wird dann von Gottes Hand errichtet werden. Das Wort ist also wieder eine Weissagung über die Zerstörung des Tempels. Schon bei seinem Abschied von Galiläa sagte er in der Wehklage über Jerusalem: *Siehe, euer Haus werdet ihr dahin haben* (Lk. 13,35). Um dies zu verkünden, wurde er also nach Jerusalem gesandt, und so gesehen war die Vertreibung der Händler und das offenbar dabei gesagte Tempelwort der Gipfel seiner prophetischen Sendung in Jerusalem. Das führte die Katastrophe herbei. Die sadduzäische Priesterherrschaft, von allen verachtet, hatte den einzigen Schutz im Tempel, und der Prophet aus Galiläa hat dort öffentlich vor der Menge, die zum Festtag sich versammelte, nicht nur ihren Untergang vorhergesagt, sondern auch den Sturz ihres Tempels und dabei, die Verbitterung gegen den

Relief auf dem Titusbogen in Rom.
Beute aus dem Tempel Jerusalems im Triumphzug

Münze des Bar Kochba
(122–135 n. Chr.) mit dem Bild des Tempels

Handel im Heiligtum benützend, aktiv eingegriffen. Wir haben gesehen, daß dreißig Jahre später die Behörden den Jeschua Sohn Ananias, der auch das Ende des Tempels prophezeit hat, an den römischen Landpfleger auslieferten. Die Römer haben überall in ihrem Reich peinlich auf den Schutz der Heiligtümer geachtet. Es war also ihre Sache, die Hohepriester von dem lästigen Aufwiegler zu befreien.

Der alte Bericht[198] sagt nur, daß Jesus begonnen hat, die Händler aus dem Tempel zu entfernen. Anscheinend hat er sein Vorhaben nicht durchführen können, und wie viele seiner Weisung gefolgt sind, wissen wir nicht, und wir hören auch nichts über die Reaktion der anwesenden Pilgerschar. Daß die Tempelwache schließlich eingegriffen hat, scheint sicher zu sein. Wir können also vermuten, daß die «Tempelreinigung» nicht lange vor der Verhaftung Jesu geschah, der es ihm damals noch zu entgehen gelang. Nach den ersten drei Evangelien, denen wir hier folgen, war das letzte Abendmahl ein Passahmahl; Jesus hat also vorher das Passahlamm geopfert. Da es vorgeschrieben war, das gebratene Lamm in der Stadt selbst zu essen, ging Jesus in der letzten Nacht nicht nach Bethanien, sondern blieb in Jerusalem.[199] Der Name des Hausherrn ist nicht überliefert, denn die Pilger wurden damals überall umsonst und gerne empfangen. Und als es Abend geworden ist, legte er sich mit den zwölf Jüngern zu Tische nieder und sagte zu ihnen: *Herzlich habe ich mich gesehnt, dieses Passahlamm mit euch zu essen, bevor ich sterbe.*[200]

Jüdisches Passahmahl.
Aus der Nürnberger Haggada

Der Ort, wo nach der Überlieferung das letzte Abendmahl stattfand

Denn ich sage euch: ich werde es nimmermehr essen, bis ein neues gegessen wird[201] *im Reiche Gottes.* Und er nahm einen Becher mit Wein, sprach das Dankgebet darüber und sagte: *Nehmet ihn und teilt ihn unter euch. Denn ich sage euch: ich werde von jetzt an nimmermehr trinken vom Gewächs des Weinstocks, bis ich ein neues trinken werde im Reiche Gottes.*[202] Und er nahm Brot, sprach das Dankgebet darüber und sagte: *Dies ist mein Leib.*[203]

Die Katastrophe schien also unabwendbar. Jesus hat seinen Jüngern nicht verheimlicht, er wisse, sie *alle werden straucheln*[204] und nicht zu ihm halten, und Petrus hielt er vor, daß *der Hahn heute nicht krähen wird,* bis er ihn *dreimal verleugnet* hat[205] – und dies geschah dann wirklich. Und beim Festessen, das unter dem Schatten des Todes begangen wurde, sagte er: *Siehe da die Hand meines Verräters auf dem Tische!* (Lk. 22,21) Hat er den Verräter erraten? Schon vorher, wahrscheinlich nach dem Zusammenstoß im Tempel, ging Judas Iskarioth, einer von den Zwölf, zu den Hohepriestern hin, um Jesus an sie auszuliefern, und sie versprachen, ihm Geld zu geben (Mk. 14,10–11). Warum er dies tat, wissen wir nicht, und was über sein Ende erzählt wird, ist widersprechend. Wahrscheinlich ist er nach dem Verrat verschwunden, denn es gab damals genug Menschen, die ihm die Auslieferung eines Juden an die Römer blutig heimzahlen konnten.

Nach dem Festessen, als sie den Lobgesang gesungen hatten, entwich Jesus mit den Jüngern aus der Stadt auf den benachbarten Ölberg, und sie gingen auf ein Grundstück namens Gethsemane, und er bat die Jünger, hier zu bleiben und zu wachen. Er ging ein Stück weiter, warf sich zu Boden und betete: *Vater, wenn du willst, so laß diesen Becher an mir vorübergehen! Doch nicht wie ich will, sondern wie du.* Und er ging zu den Jüngern und fand sie schlafend und sagte zu ihnen: *Was schläft ihr? Steht auf und betet, daß ich nicht in Versuchung komme.*[206] *Der Geist ist willig, aber das Fleisch ist schwach* (vgl. Lk. 22,39–46). Fast hätte er seine Stimmen verraten, die ihm seine Erwählung und seine Gotteskindschaft verkündet hatten, aber er hat die Versuchung niedergerungen, in der Dunkelheit jener Nacht aus Gethsemane zu fliehen, um verborgen ein anonymes Dasein zu fristen. Er unterwarf sich dem Willen seines Vaters im Himmel, um den Becher zu trinken, von dem er schon früher ahnte, daß er ihm bestimmt sei.

Und es kam die Tempelwache und – nach Joh. 18,3 – auch eine römische Kohorte, und mit ihnen Judas Iskarioth. Dieser näherte sich Jesus und küßte ihn, damit ihn die Schergen in der Dunkelheit erkennen. Jemand schlug nach dem Knecht des Hohepriesters und hieb ihm ein Ohr ab, aber Jesus sagte: *Lasset es hierbei!* Und er sag-

Gethsemane

te zu ihnen: *Wie gegen einen Bandenkrieger seid ihr mit Schwertern und Knüppeln ausgezogen. Täglich lehrte ich im Heiligtum, und ihr habt mich nicht ergriffen.* Da verließen ihn alle und flüchteten – und Jesus wurde zum Hohepriester geführt (vgl. Lk. 22,47–53).

DER TOD

Im Jahre 62 n. Chr. hat der sadduzäische Hohepriester Ananus eine Sitzung des Synhedrions berufen und vor die Richter den Herrnbruder Jakobus und andere Christen vorgeführt, er ließ sie verurteilen und steinigen. Die Pharisäer verursachten die Absetzung des Hohepriesters, denn die Sitzung war nach ihrer Meinung nicht gesetzmäßig und ohne ihr Wissen zusammengerufen.[207] Das Synhedrion war das jüdische oberste Gericht und zählte 71 Mitglieder. Um ein Todesurteil zu fällen, genügte die Anwesenheit von 23 Richtern.[208] Es ist anzunehmen, daß der Hohepriester zwar die genügende Anzahl von Mitgliedern versammelt hat, doch sie zählten alle zu seinen sadduzäischen Freunden, und nur sie wurden verständigt.

Wir haben schon früher erwähnt, daß in den ersten drei Evangelien die Pharisäer bei dem Prozeß Jesu nicht erwähnt sind, und haben auf Grund anderer Nachrichten die Ansicht vertreten, daß sie in Wirklichkeit der Auslieferung Jesu an die Römer nicht zustimmen konnten. Wenn es also vor der Kreuzigung eine Sitzung des Synhedrions gegeben hat, konnte sie nicht viel anders ausgesehen haben als die willkürliche Versammlung von sadduzäischen Notabeln, die zum Tode des Herrnbruders Jakobus führte.

Hat es aber überhaupt eine Sitzung des Hohen Rates gegeben, die Jesus zum Tode verurteilt haben soll? Johannes weiß davon nichts und im ganzen Lukas – nicht nur in der Beschreibung der Passion – ist der Urteilsspruch des Hohen Rates mit keinem Wort erwähnt.[209] Erst Markus hat den alten Bericht geändert: eine Gerichtssitzung hat doch ein Urteil zu fällen. Auf Markus stützt sich dann Matthäus. Nach Lukas (22,66) fand die Verhandlung erst nach der qualvollen Nacht im Hause des Hohepriesters statt: am Morgen hat man Jesus «in ihr Synhedrion» geführt. Nach Markus (14,53–65) und Matthäus (26,57–68) fand die Verhandlung schon in der Nacht statt: im Hause des Hohepriesters haben sich «alle Hohepriester und die Ältesten und die Schriftgelehrten» versammelt (Mk. 14,53; vgl. Mt. 26,57); später (Mk. 14,55; Mt. 26,59), werden die Versammelten plötzlich «die Hohepriester und das ganze Synhedrion» genannt. Am nächsten Morgen – so schreibt Markus (15,1) –, «nachdem die Hohe-

Grab der Familie des Herodes mit Rollstein

priester mit den Ältesten und Schriftgelehrten und das ganze Synhedrion einen Beschluß herbeigeführt hatten, fesselten sie Jesus und übergaben ihn an Pilatus». Matthäus (27,1–2) läßt das ihm überflüssig erscheinende «und das ganze Synhedrion» aus. Das Synhedrion ist also bei Lukas (22,66) und bei Matthäus (26,59) nur einmal und bei Markus (14,55; 15,1) nur zweimal ausdrücklich erwähnt. Es gibt demnach zwei Möglichkeiten: entweder die lukanische Form anzunehmen oder aber aus literarkritischen Gründen sich zu fragen, ob eine oder zwei solche Sitzungen des Hohen Rates überhaupt historisch sind. Waren denn «die Hohepriester und die Ältesten und die Schriftgelehrten», die nach der Verhaftung Jesu in das Haus des Hohepriesters herbeigeeilt sind, wirklich das Synhedrion? Sie erscheinen ja schon früher (Lk. 20,1), als sie ihn im Tempel nach

Grab der Familie des Herodes

der Berechtigung, zu lehren, gefragt hatten. Es handelt sich also um eine formelhafte Bezeichnung des Tempelausschusses: die Ältesten sind die Tempelältesten und die «Schriftgelehrten» sind hier die Sekretäre des Tempels.[210]

Daß Jesus nicht vom Synhedrion zum Tode verurteilt wurde, kann man wahrscheinlich auch daraus ersehen, daß er nicht an einer der zwei Begräbnisstätten begraben wurde, die für die Hingerichteten vom Hohen Rat dazu bestimmt waren.[211] Den Leib Jesu erbat sich von Pilatus Joseph von Arimathäa, nahm ihn herab, wickelte ihn in Leinwand und legte ihn in ein im Felsen ausgehauenes Grab, wo noch niemand gelegen hatte (Lk. 23, 50–56). Dies war eine besondere Liebestat, denn man findet in Palästina kaum antike jüdische Gräber, in denen nicht mehrere begraben wären. Joseph von Arimathäa war ein Mitglied des Jerusalemer Stadtrates und ein reicher Mann, denn ein Ratsherr hatte auch Wohltätigkeit zu pflegen, wie im Falle der Grablegung Jesu. Nach Johannes (19,39) ist damals auch Nikodemos gekommen, der Jesus schon von früher kannte; er brachte eine Mischung von Myrrhe und Aloe, und beide begruben Jesus gemeinsam. Aus rabbinischen Quellen wissen wir, daß auch Nikodemos, Sohn Gorions, einer der Ratsherren Jerusalems war und einer der drei reichsten Patrizier der Stadt. Später, im jüdisch-römischen Krieg, haben die aufständischen Eiferer seine Getreidespeicher verbrannt.[212] Nikodemos starb wahrscheinlich im Krieg, und seine Tochter lebte dann in tiefster Armut. Ihren Hochzeitsvertrag hatte der friedliebende Schüler Hillels, Rabban Jochanan ben Sakkai, unterschrieben.[213] Sein Sohn war wahrscheinlich der Gorion, Nikodemos' Sohn, der am Anfang des Aufstandes an den Verhandlungen beteiligt war, die zur Kapitulation der römischen Besatzung in Jerusalem geführt haben.[214] Als dann die Aufständischen den Krieg allen aufgezwungen hatten, erhielt durch Wahl ein Joseph, Sohn des Gorion, zusammen mit dem Ananus, dem sadduzäischen Hohepriester, der früher, wie gesagt, den Herrnbruder Jakobus hinrichten ließ und der ein Gegner der Eiferer war, die höchste Gewalt über Jerusalem.[215] Der Vater des Joseph ist fast sicher mit Gorion, einem an Ansehen und Adel hervorragenden Mann, identisch, der später unter der Schreckensherrschaft der Eiferer in Jerusalem hingerichtet wurde.[216] Schon früher hat ein Gorion, der Sohn Josephs, zusammen mit dem Pharisäer Schimeon, dem Sohn jenes Gamaliel, der sich der Apostel angenommen hatte und der Lehrer Pauli war, vergeblich versucht, den Eiferern zu trotzen.[217] Es scheint, daß alle diese Männer zu derselben begüterten Patrizierfamilie Jerusalems gehört haben, die sich durch

Eingang zu den Gräbern der Könige

eine Spannung gegen die extreme Kriegspartei der Eiferer ausgezeichnet hat und den gemäßigten Pharisäern nahestand. Wir verstehen also, daß der Ratsherr Nikodemos nach Johannes mit Jesus bekannt und an seinem Begräbnis beteiligt sein konnte. Daß zwei Jerusalemer Ratsherren Jesus den letzten Liebesdienst erwiesen haben, beweist, daß es falsch wäre, zu meinen, die obersten Behörden der Judenschaft hätten Jesus an die Römer ausgeliefert.

Als Jesus in das Haus des Hohepriesters gebracht wurde, versammelten sich dort die Herren der Tempelleitung. Zuerst hat man versucht, eine beglaubigte Bestätigung zu finden, ob Jesus wirklich das gefährliche Wort von dem Sturz des Tempels gesagt habe. Endlich fanden sich zwei Männer, die den Ausspruch zuverläßlich bezeugten (Mt. 26,57–61). Da stand der Hohepriester auf und sagte zu Jesus: «Du antwortest nicht?» – und Jesus schwieg. Die öffentliche Ankündigung der Zerstörung des Tempels, die Jesus wahrscheinlich bei seinem Eingriff gegen die Händler im Heiligtum getan hat, konnte zwar dem Hohepriester als ein genügender Grund für seine Auslieferung an die Römer erscheinen, da es im Interesse der Römer war, Hüter der heiligen Stätten zu sein. Doch es gab Gerüchte, daß dieser Jesus für einen Messias gehalten wurde[218], und messianische Bewegungen wurden von den Römern unterdrückt, denn der Messias war doch der König der Juden. Um sich also desto sicherer des lästigen Aufwieglers zu entledigen, fragte der Hohepriester den Jesus: «Bist du denn der Messias?» Und Jesus sagte: *Von nun an wird der Menschensohn zur Rechten der Kraft sitzen* (Lk. 22,69).

Wie konnte Jesus so sprechen, da er doch wissen mußte, daß er am Ende seines Lebens stand? Schon im Alten Testament wird erzählt, daß sowohl der Prophet Elia als auch Henoch nicht gestorben, sondern zum Himmel gefahren sind, und in den Tagen Jesu hat dies die Phantasie des Volkes viel beschäftigt. Dasselbe glaubte man damals auch von Moses, obwohl die Bibel von seinem Tode weiß. Über den biblischen Melchizedek wußte man nicht nur zu erzählen, daß er ohne einen irdischen Vater durch das Wort Gottes gezeugt wurde, sondern auch, daß er als endzeitlicher Richter erscheinen werde[219], und man glaubte wohl auch, daß der Prophet Jeremia nicht gestorben sei.[220] Wir haben ferner gesehen, daß es Menschen gab, die überzeugt waren, daß der hingerichtete Johannes der Täufer von den Toten auferstanden sei. Nach der Offenbarung Johannis (11,3–12) werden zwei Propheten kommen, aber «das Tier, das aus dem Abgrund steigt, wird mit ihnen kämpfen und wird sie überwinden und töten». Ihre Leichen werden auf der Gasse Jerusalems viereinhalb Tage liegen, dann werden sie auferstehen und auf einer Wolke gen Himmel fahren. Etwa zwanzig Jahre nach dem Tode Jesu trat ein ägyptischer

Der Tempel von Jerusalem
Rekonstruktion

Jude auf und behauptete, er werde Jerusalem von dem Römerjoch befreien, doch der Landpfleger Felix wandte sich ihm mit seiner Streitmacht entgegen, und seine Anhängerschar wurde zerstreut; der Prophet selbst verschwand. Das Volk glaubte, Gott halte ihn verborgen, und erwartete ihn zurück. Als Paulus nach Jerusalem kam, fragte man ihn, ob er jener Ägypter sei.[221] Und es ist nicht daran zu zweifeln, daß der Gekreuzigte dem Petrus erschienen ist, «dann den Zwölf, hernach erschien er mehr als fünfhundert Brüdern auf einmal... dann erschien er dem Jakobus, dann den Aposteln allen» und zuletzt dem Paulus auf dem Wege nach Damaskus (1. Kor. 15,3 bis 8). Hat also schon der Mensch Jesus geglaubt, als er dem Hohepriester auf die Frage nach seiner Messianität antwortete, *von nun an werde der Menschensohn zur Rechten der Kraft sitzen,* auch er werde dem drohenden Schicksal entrinnen, oder, was wahrscheinlicher ist, er werde von den Toten auferstehen? Jedenfalls hat der Hohepriester richtig verstanden, daß durch diese Antwort sich Jesus zu seiner Messianität bekannte. Darum sagte er: «Was brauchen wir noch Zeugen? Ihr habt ja selbst aus seinem Munde gehört» (vgl. Lk. 22,71).

Nach der Sitzung haben sich die Wächter Jesu einen Spaß ausgedacht: sie verhüllten sein Gesicht und schlugen ihn und sagten dabei: «Prophezeie, wer ist's, der dich schlug?» (Lk. 22,63–65) Die Sadduzäer glaubten nicht an Engel und an den Geist der Prophetie (Apg. 23,8), und die Schergen des Hohepriesters dachten wie ihr Vorgesetzter. Am nächsten Morgen trafen dann wieder die Herren bei dem Hohepriester ein, und erst dann hat man endgültig beschlossen, den Fall an die römische Behörde weiterzuleiten, und man brachte Jesus vor Pilatus.

Der römische Landpfleger fragte Jesus: «Bist du der König der Juden?» – und dieser antwortete nach den Quellen: *Du sagst es.* Das ist eigentlich alles, was überliefert ist. Nach Johannes (18,29–38) bedeutet diese zweideutige Antwort eine Verneinung; du sagst, ich sei ein König. Sagst du es von dir aus, oder haben es dir andere über mich gesagt? Vielleicht hat in Wirklichkeit Jesus dem Römer überhaupt nicht geantwortet. Da Pilatus gehört hatte, Jesus sei ein Galiläer und deshalb ein Untertan des Herodes Antipas, schickte er den Häftling zu Herodes, der auch am Passahfest in Jerusalem anwesend war. Der Monarch hat ihn gründlich ausgefragt, aber Jesus schwieg, und Herodes schickte ihn zu Pilatus zurück (Lk. 23,6–12).[222] *Der Fuchs,* der Jesus in Galiläa nach dem Leben getrachtet hatte, bekam ihn doch in Jerusalem zu sehen und überließ ihn sicher getrost dem römischen Statthalter, dessen Grausamkeit ja hinreichend bekannt war.[223] So war die formale Seite des Falles geregelt. Das Zuvorkommen des Pilatus führte zur Annäherung zwischen den beiden Männern; Herodes Antipas und Pilatus, die einander früher nicht geliebt haben, wurden Freunde.

In dem römischen Gefängnis der Festung Antonia saßen neben Jesus wenigstens noch drei jüdische Gefangene. Diese drei waren Bandenkrieger gegen Rom, und der wichtigste unter ihnen hieß Barabbas; er war an einem Terrorakt beteiligt, der Menschenleben gekostet hatte, und wurde, wahrscheinlich zusammen mit den beiden anderen, gefangen und ins Gefängnis gesetzt. Der Statthalter Roms sah es als seine Pflicht an, diese Terroristen, und hauptsächlich den Bandenführer Barabbas, zu kreuzigen. Wenn dies dazu am Festtag der Juden geschah, vor der unzähligen Pilgerschar, mußte allen die harte Hand Roms sichtbar werden. Die Hinrichtung des Volkshelden konnte zu Unruhen führen und die geladene Atmosphäre der Pilgerfeste, besonders des Passah, war dafür stets günstig.[224] Die jüdischen «Banditen» hätten wahrscheinlich den Tod ihres Barabbas rächen wollen – und dann hätte das störrische Judenvolk die blanken Schwerter Roms zu spüren bekommen. Die gehaßten Hohepriester wiederum mußten fürchten, daß es am Fest zu einem Aufruhr im Volke komme (s. Mt. 26,5). Dies konnte verhütet werden, wenn Barabbas am Leben blieb.

Dazu bot sich eine günstige Gelegenheit. Der römische Statthalter pflegte zu Ehren des Passahfestes einen jüdischen Häftling zu begnadigen. Aus der rabbinischen Literatur[225] weiß man, daß diese Amnestie oft auf sich warten ließ; nicht selten gingen ihr also langwierige Bemühungen vor. Damals versuchten sowohl die Hohepriester als auch Pilatus die Amnestie für ihre eigenen Zwecke auszunützen. Die Menge hatte sich schon vor dem Sitz des Landpflegers versammelt und verlangte nach der üblichen Begnadigung eines Gefangenen. Pilatus ergriff die Gelegenheit und sagte zu ihnen: «Wollt ihr, daß ich euch den König der Juden freilasse?» (Mk. 15,6–10) Er sah in diesem «König der Juden» wahrlich keine Gefahr für das Imperium, und hoffte, daß auch die Juden einsehen werden, daß kein ernster Grund für die Hinrichtung Jesu vorlag. Und nur wenn er diesen Mann laufen ließ, konnte er den Barabbas kreuzigen lassen. Da griffen die Hohepriester ein. Die Menge haßte zwar Jesus nicht, aber sie liebte den Freiheitskämpfer Barabbas. Diesmal ist es also den Hohepriestern leicht gewesen, volkstümlich zu erscheinen, als sie die versammelte Menge aufwiegelten, zu verlangen, Pilatus möge eher den Barabbas freigeben (Mk. 15,11). Da fragte Pilatus: «Was soll ich nun mit dem sogenannten König der Juden machen?» Er bekam die Antwort: «Kreuzige ihn.» Nach Johannes (19,6) kam dieser Ruf zuerst von den Hohepriestern und ihren Helfershelfern.[226] Der Zuruf war allerdings sicher überflüssig, denn der Statthalter Roms wußte: wenn

«Christus, dem Volke vorgestellt». Radierung von Rembrandt

ihm Barabbas entschlüpfte, würde eben Jesus gekreuzigt. Noch einmal versuchte Pilatus sein Glück. Er sagte, er finde, Jesus habe nichts Ernstes verbrochen, wofür er hingerichtet werden müsse; er werde ihn also geißeln lassen und dann freigeben (Lk. 23,22). Aber auch das half nichts; er mußte den Barabba freilassen, aber Jesus ließ er auspeitschen und übergab ihn zur Kreuzigung (Mt. 27,26).

Jesus ist anscheinend ohne Urteil an Pilatus ausgeliefert worden, und nirgendwo in den Quellen wird ein Todesurteil des Pilatus erwähnt. In dem Lasterkatalog des Pilatus, den ihm der Philosoph Philon von Alexandria ausgestellt hat[227], befindet sich auch unter an-

Links: 1. Fassung (1653). Rechts: 2. Fassung (1655)

derem «ständige Hinrichtungen ohne Urteilsspruch». Es scheint also, daß Jesu tragisches Ende ohne einen Spruch der irdischen Gerichtsbarkeit erfolgt ist. Es war eine Frucht des grausamen Spiels zwischen nackten Interessensphären, im Schatten brutaler Ressentiments, und, äußerlich gesehen, ohne jeden Zusammenhang mit dem Menschen Jesus und seinen Anliegen. Die stumme Einsamkeit Jesu bei seinem «Prozeß» – der keiner war – konnte nur Rembrandt darstellen. In einer Radierung zeigt er Jesus, wie er dem Volke von Pilatus vorgeführt wird – und kaum jemand sieht sich eigentlich diese sonderbare Vorstellung an. Jesus selbst ist ganz passiv, als warte er, bis dieses

Römischer Soldat.
Nach einem Relief

sinnlose Schauspiel vorbei sei. Dies steht im Gegensatz zu dem lärmenden Haß der Menge in den Evangelien, aber es ist historisch richtiger. Rembrandt war anscheinend mit seiner Darstellung noch nicht zufrieden; darum entfernte er in einer späteren Fassung fast ganz die teilnahmslose Menge. Ein leeres, häßliches Gewölbe ziert jetzt den Vordergrund der Szene. Nur der eine Jude zur Rechten des Balkons ist geblieben. Er sieht sich das Ganze intensiv und pathetisch-verträumt an. «Wer war es? Ein Freund? Ein guter Mensch? Einer, der teilnahm? Einer, der helfen wollte? War es ein Einzelner? Waren es alle? War noch Hilfe? ... Wo war das hohe Gericht, zu dem er nie gekommen war.»[228]

Nun hatten sich die römischen Soldaten mit Jesus zu befassen. Sie führten ihn ins Innere der Halle der römischen Festung und riefen die ganze Kohorte zusammen. Dann zogen sie ihm einen Purpurmantel an, flochten einen Dornenkranz und setzten ihn ihm aufs Haupt; in seine Rechte gaben sie ihm einen Rohrstock. Als der Spottkönig alle seine Insignien bekommen hatte, beugten sie die Knie, warfen sich vor ihm wie vor einem orientalischen Monarchen nieder und huldigten ihm: «Heil dir, König der Juden!» Dann spien sie ihn an, nahmen ihm wieder den Rohrstock aus der Hand und schlugen ihn damit aufs Haupt (vgl. Mk. 15,16–20). Dies ist nicht der einzige Fall, bei dem die Heiden die messianischen Hoffnungen der Juden verhöhnt haben. Einige Jahre nach dem Tode Jesu, als der jüdische König Agrippa Alexandrien besuchte, nahmen die Alexandriner einen harmlosen Geisteskranken mit Namen Karabas, «schleppten diesen Unglücklichen ins Gymnasium, hoben ihn hoch, damit er von allen gesehen werden konnte, setzten ihm statt einer Krone einen

Steinpflaster der Burg Antonia,
wo Jesus von Pilatus zur Kreuzigung ausgeliefert wurde.
In den Stein geritzt ein Spielfeld,
das den römischen Soldaten zum Spielen diente.

Schilfkranz auf den Kopf, hängten ihm statt eines Mantels Stroh um den Leib, und jemand steckte ihm statt eines Szepters einen kurzen Stengel aus einheimischem Papyrus, der auf der Straße lag, in die Hand. So erhielt er wie in einer Theaterposse die Insignien eines Herrschers und wurde als König ausstaffiert, wobei junge Leute, die Stöcke statt Lanzen auf den Schultern trugen, die bewaffnete Leibgarde nachahmten. Andere traten dann heran, um ihm zu huldigen

Mosaik aus Beth Schean. Der Nil-Gott. Inschrift: Alexandrien

Die Via Dolorosa

Kreuzigung Jesu.
Relief auf einem Elfenbeinkästchen, um 420–430

oder sich Recht zu holen oder ein Gesuch einzureichen, und schließlich erscholl aus der umstehenden Menge der Ruf ‹Marin›[229]; so soll nämlich der König bei den Syrern heißen.»[230] Aus einem schlecht erhaltenen Papyrus erfahren wir über eine ähnliche spätere Verspottung eines Komödienkönigs, die auch in Alexandrien, nach dem Aufstand der Juden in den Jahren 115–117 n. Chr., stattfand; an dieser Verhöhnung hat sich anscheinend selbst der römische Landpfleger Ägyptens beteiligt.[231] So trieben also die römischen Soldaten mit Jesus ihren grausamen Spott. Wie früher im Haus des Hohepriesters die sadduzäischen Schergen Jesus gequält hatten, um damit die Ohnmacht des heiligen Geistes der Prophetie zu beweisen, so sollte jetzt von den römischen Soldaten in demselben Menschen die jüdische Hoffnung auf Befreiung lächerlich gemacht werden.

Und dann führten die Soldaten Jesus zur Kreuzigung. «Urheber eines Aufstandes und eines Aufruhrs oder Volksaufwiegler» wurden nach der römischen Rechtsauffassung[232] «ihrem Stande nach entweder gekreuzigt oder vor wilde Tiere geworfen oder auf eine Insel verschickt». Nachdem Pilatus, dessen Rechtsempfinden sicher ziemlich labil war, den Barabbas freigelassen hat, mußte er wohl oder übel die Schuld Jesu viel ernster nehmen als vorher. Er konnte ihn, wenn er wollte, schon wegen des Eingriffs im Tempel und wegen des Tempelwortes als Volksaufwiegler kreuzigen lassen, und schließlich gab es da Gerüchte, er sei der Messias. Darum ließ er höhnisch auf das Kreuz die Worte «König der Juden» schreiben, mit denen er bei der Verhandlung ironisch gespielt hatte.

Auf dem Wege zwangen die Römer einen vorübergehenden Juden namens Simon, aus Cyrene[233] in Nordafrika, das Kreuz Jesu zu tragen (Mk. 15,21). An jüdischen Festtagen den Pilgern einen Frondienst zu befehlen, war für die römische Besatzungsmacht nichts Ungewöhnliches.[234]

Der Zug hatte die Stadt verlassen, um nach der Schädelstätte, nach Golgotha, zu gelangen. Barmherzige Juden boten, der Sitte nach, Jesus Wein an, der mit Myrrhe gemischt war, um ihn vor dem Tode zu betäuben, aber er lehnte ihn ab.[235] Dann kreuzigte man die drei: die beiden «Banditen», einen zur Rechten und einen zur Linken, und Jesus in der Mitte, denn er wurde ja als «der König der Juden» hingerichtet. Und Jesus sprach: *Vater, verzeih ihnen, denn sie wissen nicht, was sie tun!*[236] Die Soldaten verteilten untereinander seine Kleider, und eine neugierige Gruppe sah der Hinrichtung zu. Einige bemerkten ironisch: er habe gesagt, er werde den Tempel niederreißen und ihn wieder aufrichten. Solle er doch versuchen, vom Kreuz herunterzusteigen! Die Hohepriester meinten höhnisch: «Andere hat er retten wollen, und sich selbst kann er nicht retten, dieser König Israels!»

Es verspotteten ihn auch die römischen Soldaten: sie füllten einen Schwamm mit Essig, steckten ihn auf ein Rohr, näherten sich dem Gekreuzigten und führten den Schwamm an seine Lippen. Sogar die zwei Mitgekreuzigten schmähten Jesus. Da hörte man vom Kreuze einen Schrei. Einige der Umstehenden meinten, er rufe: «Elia!» Andere meinten, er rufe aus Verzweiflung «Mein Gott, mein Gott [Eli, Eli], warum hast du mich verlassen!»[237] Und Jesus verschied.

ANMERKUNGEN

1 Über die Auffassungen, daß die Brüder und Schwestern Jesu in Wirklichkeit seine Vettern und Basen waren oder Kinder Josephs aus erster Ehe siehe das vorzügliche Buch des katholischen Forschers J. Blinzler: «Die Brüder und Schwestern Jesu».
2 Siehe z. B. Carmichael, S. 59–66
3 Siehe Bauer, S. 21–29. Zur Davidsohnschaft siehe auch z. B. Suhl, S. 89–94; Hahn: «Hoheitstitel», S. 242–279
4 Siehe Liver: «The House of David»
5 Siehe Bauer, S. 59.
6 Zur Chronologie Jesu siehe Dibelius: «Jesus», S. 43–47; Schmidt: «Rahmen», S. 1–17; Bauer, S. 279–310
7 Zum historischen Wert des Evangeliums Johannis siehe C. H. Dodd: «Historical Tradition»
8 Zu Markus: siehe W. Marxsen, und zu Lukas: Conzelmann: «Die Mitte der Zeit»
9 Siehe 4. Mos. 18,15
10 A. Aptowitzer
11 Mt. 21, 23–27 und Lk. 20, 1–8. Siehe Daube, S. 205–223
12 Hahn: «Hoheitstitel», S. 74–81
13 Hahn, S. 75–76
14 Vätersprüche I, 10. Buber übersetzt: «Liebe die Arbeit und hasse die Würdenträgerei». Siehe Schlesinger, S. 79
15 Jacob Levy: «Wörterbuch über die Talmudim und Midraschim», Berlin 1924. III, S. 338
16 Der Antichrist § 29
17 Die Wendung, die oft in den Evangelien vorkommt, stammt aus 1. Kön. 17,18. Die Übersetzung hier nach Buber; siehe auch R. E. Brown, S. 99
18 Pinès, S. 61
19 Siehe Taylor, S. 235–236, vgl. Schmidt, S. 122–123
20 Siehe Haenchen z. St., E. Meyer I, S. 44–45
21 1. Kor. 15,7; Gal. 2,9. Zur Geschichte der Familie Jesu siehe Hennecke I, S. 312–321
22 Josephus: «Altertümer» 20, 200
23 Eusebius: «Kirchengeschichte» III, 11, 19–20, 32
24 Lukas 2,35
25 Bibliographie siehe Steinmann, und zu dem Täufer und den Rollen vom Toten Meer siehe auch Brownler: «John the Baptist»; D. Flusser: «The Baptism»
26 Sektenkanon 8, 13–16; 9, 19–20
27 Josephus über den Täufer: «Altertümer» 18, 116–119
28 Mt. 14, 3–12; Mk. 6, 17–29; siehe Lk. 3, 19–20
29 Sektenkanon 5, 13–14
30 a. a. O. 3, 8–9
31 a. a. O. 3, 7–8

32 Eine andere Meinung, die durch apologetische Gründe diktiert ist, finden wir in Apg. 19, 1–7.
33 Lk. 3, 21–22
34 Das griechische Wort ist die Übersetzung des hebräischen «der einzige». Siehe C. H. Turner: «Ho Hyios mou ho agapetos» in: JTS. 27 (1926), S. 113–129; Hooker, S. 71, 183
35 J. Jeremias: «Theol. Wörterb. zum NT», V, S. 699; K. Stendahl, S. 110, 144; vgl. D. Flusser: «Blessed», S. 9–10 und Anm. 25; Hahn, S. 340–346
36 Siehe Kraeling, S. 9–16; Lohmeyer, S. 26
37 Mt. 8, 14; Lk. 4, 38
38 Johannes Weiß bei Schmidt: «Rahmen», S. 34
39 Siehe Dodd: «Parables», S. 39, Anm. 20
40 Die Versuchung Jesu durch den Satan hoffe ich an einem anderen Ort zu behandeln.
41 Mt. 11, 2–6; Lk. 7, 18–23
42 A. Harnack: «Die Mission» I, S. 344
43 Mt. 11, 4–6; Lk. 7, 22–23; wir haben die Worte «und Aussätzige werden rein» und «Tote werden erweckt» ausgelassen, weil dies in den Worten des Jesaia (29, 18; 35, 5; 61, 1) fehlt, auf die sich Jesus stürzt.
44 Assumptio Mosis 10, 1
45 Siehe Jeremias: «Gleichnisse Jesu», S. 122–123
46 Maleachi 3, 1
47 In einem Gespräch
48 Billerbeck I, S. 596–597; siehe «Fabulae Aesopicae», ed. Halm, Leipzig 1875, Nummer 179
49 David Kimchi z. St.
50 Vgl. die äsopische Fabel 37
51 So nach Mt. und Mk.
52 Siehe Pinès, S. 63
53 Tossefta Berachoth 5, 13; siehe Billerbeck I, 696–698
54 Assumptio Mosis, Kapitel 7
55 Nu. 19, 2
56 Billerbeck I, S. 719. Wichtig ist, daß Rabban Johanan ben Sakkai über ein biblisches Gebot gesprochen hat, wogegen das Händewaschen nur eine späte Bestimmung ist und die Reinheitsvorschriften der Pharisäer freiwillig sind.
57 Siehe auch die wichtige außerkanonische Geschichte über den Zusammenstoß Jesu mit dem pharisäischen Oberpriester im Tempelvorhof bei Jeremias: «Unbekannte Jesusworte», S. 50–60.
58 Mechilta zu Ex. 31, 13 (103 b); siehe Bacher: «Tannaiten» II, S. 493, Anm. 2; siehe auch Taylor, S. 218–220
59 Siehe J. N. Epstein: «Prolegomena ad litteras Tannaitieas», Jerusalem 1957, S. 280–281 (hebräisch)
60 Siehe auch Bultmann: «Tradition», S. 54
61 Wörtlich: «Der Menschensohn». Siehe Taylor, S. 197
62 Dazu siehe Paul Volz: «Der Geist Gottes», Tübingen 1910, S. 164

63 Siehe Anm. 60
64 Autobiographie 12
65 Philipper 3, 5; Apg. 23, 6; 26, 5
66 Autobiographie 191
67 Anspielung an die Geschichte, die in Num. 25, 6–15 erzählt wird.
68 Sota 22 b
69 Damaskusschrift 8, 12; 19, 25 (nach Ezechiel 13, 10)
70 Hymnenbuch 4, 6–8
71 Sota 22 b; j. Berachoth 14 b
72 So nach j. Berachoth 14 b
73 Kommentar zum Buche Nahum 2, 7–10
74 Hymnenbuch 4, 11
75 Die Fortsetzung (Mt. 23, 34–36; Lk. 11, 49–51) bezog sich, wie wir aus Lukas sehen, ursprünglich nicht auf die Pharisäer.
76 Josephus: «Altertümer» 20, 199–203
77 Justinus: «Gespräch mit Tryphon», Kap. 47
78 Die Worte: «bis alles wird geschehen sein» scheinen nicht die Worte Jesu zu sein. Zum Sinne dieser Worte siehe Strecker, S. 143–144
79 Das Wort wird gewöhnlich als «Heiden» übersetzt, aber es bedeutet, auch im Munde Jesu, einfach Nichtjuden, englisch «gentiles».
80 «Der Menschensohn» bedeutet hier anscheinend «der Mensch»; schon Lukas (22, 27) deutet es auf Jesus; wichtig ist, daß bei ihm noch die von Markus (10, 45 b und Mt. 20, 28 b) eingeführte christologische Interpretation auf das Leiden des Herrn fehlt.
81 Zu der ganzen Frage siehe J. Jeremias: «Verheißung»
82 Siehe Pinès: «The Jewish Christians»
83 Vätersprüche 1, 3. Siehe Schlesinger, S. 25. Zum folgenden siehe D. Flusser: «A New Sensitivity»
84 Siehe auch die Legende in Awoth de R. Nathan 5, 1 (bei Schlesinger S. 25)
85 «Ancient Near Eastern Text», ed. by J. Pritchard, Princeton 1950, S. 439
86 Billerbeck II, S. 159
87 Joma 8, 9; siehe R. Mayer: «Talmud», S. 534
88 Vätersprüche 2, 5; siehe R. Mayer: «Talmud», S. 328
89 Siehe Billerbeck I, S. 444–446
90 Er ist sicher nicht erst aus den griechischen synoptischen Evangelien zusammengestellt worden – das zeigen unter anderem seine Semitismen. Polykarp 2, 3 ist von Klemens abhängig, wie schon die Einleitung zum Herrnwort zeigt (vgl. 1 Klem. 13, 1 b).
91 Siehe Billerbeck I, S. 459–460. Zu Hillels Ausspruch in Schabbat 31 a siehe Bacher: «Tannaiten» I, S. 4
92 Slavisches Henochbuch 61, 1 (ed. Vaillant, S. 59). Siehe Billerbeck I, S. 460
93 Siehe Billerbeck I, S. 358. Vorher (S. 354) polemisiert er gegen «die Behauptung moderner jüdischer Gelehrter ... daß die alte Synagoge schon in der neutestamentlichen Zeit das Gebot der Nächstenliebe von der allgemeinen Menschenliebe verstanden hat». Nehmen wir an, daß

er recht hat; aber mit welcher Sicherheit kann man folgern, daß Jesus bestimmt das Gebot der Nächstenliebe auch auf die Nichtjuden ausgedehnt hat, da er nicht einmal bereit war, sie zu heilen?

94 Awoth de R. Nathan, S. 53 (zweite Version)

95 Die Worte «und die Propheten» wurden später hinzugefügt. Wir haben versucht, den Anfang des Herrnwortes nach der damaligen Redeweise zu rekonstruieren. In der jetzigen Form wäre das Wort nur möglich, wenn der Fragende Jesus prüfen wollte, ob er die Antwort weiß. Lukas (10, 25–28) hat die Schwierigkeit gemerkt und wollte ihr abhelfen.

96 Der Ausspruch stammt nicht von Jesus und ist christlich überarbeitet.

97 Siehe Anm. 93

98 Vätersprüche 1, 3

99 Siehe Anm. 71

100 Sifre zu Dt. 6, 5. Der richtige Text nach Midrasch Tannaim z. St.

101 Siehe das Buch der Jubiläen, Kap. 36; die jüdischen «Zwei Wege» in der Didache; Test. Dan 5, 3; Test. Isach. 5, 2; 7, 6; vgl. Test. Zeb. 5, 1. Siehe auch F. M. Braun: «Les Testaments des XII Patriarches» in: Revue Biblique 67 (1960) S. 531–532.

102 Die Worte «oder die Propheten» scheinen nicht ursprünglich zu sein.

103 Zum Sprachgebrauch vgl. Röm. 3, 31

104 Baba Metzia 58 b

105 a. a. O.

106 Matthäus kürzt den Spruch ab, und Markus hat ihn überarbeitet.

107 Midrasch Haggadol zu Ex. 20, 14

108 Siehe J. P. Audet: «Affinités litteraires et doctrinales du Manuel de Discipline» in: Revue Biblique 1952, S. 219–238. Deutsche Übersetzung der Didache von Lilje.

109 Didache 3, 1–3

110 Wörtlich: der Menschensohn

111 «De foxes have holes in de groun' / An de birds have nests in de air, / An ev'ryting have a hiding place, / But we poor sinners have none.» Text und Übersetzung von J. Jahn in: «Negro Spirituals», Frankfurt a. M. 1963, S. 48, 50

112 Sektenkanon 5, 14–20

113 Damaskusschrift 6, 14–15

114 Man übersetzt gewöhnlich «durch», weil man die Worte vor der Entdeckung der Rollen nicht verstand. Sprachlich ist das nicht möglich.

115 Im Original das aramäische «mammona» (hebräisch «mammon»), was Besitz bedeutet.

116 Sektenkanon 1, 4–5

117 Siehe D. Flusser: «Blessed»

118 Siehe Brauns Artikel in der Anm. 101.

119 Hier steht in den Texten: «um des Herrn willen». Das ist eine Interpolation aus dem folgenden.

120 Und Sondergut in Lukas 14, 14 (vgl. vielleicht Lk. 16, 31)

121 Sektenkanon 9, 21–26

122 Sektenkanon 10, 17–20

123 Siehe besonders Römer 12, 14; 13, 7
124 Test. Benj. 4, 2–3; 5, 1; 6, 5–7
125 Das Ende des Bibelwortes fehlt bei Mt., obwohl gerade seine letzten Worte von Jesus erklärt werden.
126 So nach Lk. 6, 30. Dazu richtig G. Strecker: «Der Weg», S. 134
127 Anstatt «wie dich selbst» steht in Mt.: «und hasse deinen Feind». Über diese Worte zu urteilen würde hier zu weit führen.
128 Testament Sebuluns, Kap. 7
129 Siehe besonders Carmichael – siehe die Besprechung von G. Kümmel: «Jesusforschung seit 1950» in: Theologische Rundschau, Bd. 31, Tübingen 1966, S. 312–313. Der einzige Ausspruch Jesu, der ernstlich im aktivistischen Sinn gedeutet werden könnte, ist Lk. 22, 35–38, aber Dibelius («Formgeschichte», S. 201) scheint richtig zu sehen, wenn er schreibt: «Ein eschatologisches Wort, auf bevorstehende Kämpfe zielend und zum Schwertkauf mahnend, wird in einen Dialog verflochten und bereitet den Schwertstreich bei der Gefangennahme vor.»
130 Siehe Hengel: «Die Zeloten»
131 Apg. 1, 13; Mk. 3, 18; Lk. 6, 15
132 Hengel, S. 384
133 Targum zu Zacharia 14, 9
134 Targum zu Ez. 2, 10
135 Sifre zu Deut. 32, 29
136 Vätersprüche 3, 6
137 «Mechilta de Rabbi Ismael», ed. H. S. Horovitz, I. A. Rabin, Jerusalem 1960, S. 150–151
138 «Awoth de Rabbi Nathan», ed. S. Schechter, New York 1945, S. 72
139 Tossefta Sota 14, 4
140 Ketoboth 66 b. Siehe Bacher: «Tannaiten» I, S. 42
141 Siehe Himmelfahrt Mosis 10, 1–10; Testamentum Dan 6, 1–5
142 Vielhauer, S. 87
143 Schweitzer, S. VII
144 Siehe D. Fr. Strauß: «Herrmann Samuel Reimarus», Leipzig 1862, S. 182–185. Schweitzer (S. 14) hat das Buch gekannt, aber nicht beachtet.
145 Siehe das Zitat in den «Zeugnissen»
146 L. Ragaz: «Die Botschaft vom Reiche Gottes», Bern 1942, S. 280. Siehe auch «Die Geschichte der Sache Christi», Bern 1945, S. 112–113
147 Jeremias: «Gleichnisse», S. 227
148 Die Erklärung Rabbi Akibas zugunsten der Messianität Bar Kochbas ist etwas anderes.
149 Hymnenbuch 8, 4–14; 6, 15–16. Siehe Betz, S. 35–36
150 Mt. 4, 19
151 Siehe dazu die Worte des L. Ragaz, Anm. 146
152 Abba Hilkia und Rabbi Hanina bar Dossa
153 Siehe Taanit 23, Schlesinger, S. 71–77
154 Zu der jüdischen und urchristlichen Sitte, zwei Menschen auszusenden, siehe Anm. 42
155 Taanit 24 b

156 Berachot 34 b
157 Taanit 23 a, Schlesinger S. 62–65
158 Altertümer 14, 22–25
159 Der sogenannte Josephus Gorionides (Josippon)
160 Wie unter anderem aus den angeführten Abba Hilkia und aus Mt. 23, 7–9 ersichtlich, war damals Abba – wie auch Rabbi – eine Ehrenanrede.
161 Taanit 23 b
162 J. Jeremias (Abba, S. 15–67) und Van Iersel haben richtig gesehen, daß die im Rabbinismus übliche Ansprache Gottes als «unser Vater» nicht dasselbe Gewicht hatte wie das «mein Vater» oder «abba» des Jesus. Jeremias hat in der talmudischen Literatur die Ansprache Gottes «abba» nicht gefunden, was bei dem sehr spärlichen rabbinischen Material über charismatische Gebete nicht viel bedeutet.
163 So nach Lk. 10, 22. Über den Sinn siehe Dalman: «Worte», S. 231–233
164 Die Fortsetzung des Spruches (Mt. 11, 28–30) scheint auch ursprünglich zu sein. Sie wird nicht hier behandelt, weis sie nicht zum Thema gehört.
165 E. Meyer: «Ursprung» I, S. 280–291, hat richtig geahnt, daß es solche Hymnen im antiken Judentum gegeben hat.
166 Hymnenbuch 2, 9–10
167 «Geliebter» ist die griechische Übersetzung von «einziger» siehe Anm. 34
168 «Ursprung» I, S. 152–157
169 Siehe Jesaja 5, 1–7. Auf dieses Prophetenwort spielt Jesus am Anfang des Gleichnisses an.
170 Sifre zu Dt. 32, 9. Siehe Billerbeck I, S. 874.
171 Siehe dazu z. B. Morna D. Hooker: «Jesus and the Servant»
172 Diese Vorstellung ist in der wissenschaftlichen Literatur und bei den Gläubigen sehr verbreitet. Zu welchen abstrusen Vorstellungen sie führen kann, wenn man sie ernst nimmt, zeigt sich in dem Buche von H. J. Schonfield: «The Passover Plot».
173 Ich halte auch die Fortsetzung (Mt. 16, 18–19) grundsätzlich für echt. Siehe dazu D. Flusser: «Qumran und die Zwölf», S. 138–139
174 Für den Glauben an Elia war das Ende von Maleachi und für den Glauben an den endzeitlichen Propheten das 18. Kap. des 5. Mosis entscheidend. Siehe F. Hahn, S. 351–404
175 Siehe D. Flusser in: «Antijudaismus», S. 67
176 Bultmann: «Theologie», S. 33. Zur Frage des messianischen Selbstbewußtseins Jesu siehe a. a. O. S. 26–34
177 Siehe Anm. 110
178 z. B. Äthiopisches Henochbuch 48, 10; 52, 4
179 a. a. O. Kap. 71
180 «The Testament of Abraham», ed. M. R. James, Cambridge 1892, Kap. 12–13 (S. 90, 92)
181 Siehe M. de Jonge: «11Q Melchizedek», und D. Flusser: «Melchizedek». Das essenische Fragment ist natürlich auch für den Hebräerbrief wichtig.

182 Mk. 15, 26

183 Mt. 26, 64 fügt hinzu: «du hast gesagt», Mk. 14, 62: «ich bin es» und Lk. (22, 67–70) unter anderem: «ihr sagt, daß ich es bin».

184 Siehe Leo van Puyvelde: «L'Agneau mystique d'Hubert et Jean van Eyck», Bruxelles 1964, S. 30

185 Lk. 22, 15

186 Siehe Safrai: «Pilgrimage», S. 132, der auch Midrasch Tehilim zu Ps. 118 (ed. Buber, S. 488) anführt: Die Jerusalemiter pflegten zu sagen: «Ach, Herr, hilf doch (hoschiana)» und die Pilger pflegten zu antworten: «Ach, Herr, laß wohl gelingen.» Die Jerusalemiter pflegten zu sagen: «Gesegnet, der da kommt in Seinem Namen» und die Pilger pflegten zu antworten: «Wir segnen euch vom Hause des Herrn her.»

187 Nach Joh. 12, 13 wurde Jesus auch mit Palmblättern empfangen, anders nach Mt. 21, 8 und Mk. 11, 8. In Lukas fehlt dies.

188 Siehe Safrai: «Pilgrimage», S. 133

189 Mk. 11, 18–19; Lk. 19, 47–48. Die Schriftgelehrten, die in einigen Handschriften in Lukas fehlen, könnten die Schriftgelehrten des Tempels sein.

190 Josephus: «Der jüdische Krieg» 6, 300–309

191 Siehe Safrai, S. 147–149

192 Jes. 56, 7

193 Jer. 7, 11

194 Was sicher zum alten Bericht gehört hat, kann man bei Lukas lesen. Markus (11, 15–17) erweitert den Bericht nach Hörensagen. Ob es also Jesus gelungen ist, einige Tische der Händler umzuwerfen, steht nicht fest. Mt. 21, 12–13 folgt Markus, nur daß er aus dem Versuch Jesu, die Händler zu vertreiben, eine vollendete Tatsache macht. Joh. 2, 13–17 verlegt die Begebenheit an den Anfang der Tätigkeit Jesu, er verstärkt und übertreibt die Szene. Allerdings hat er (2, 19) den Zusammenhang zwischen der Tempelreinigung und dem Tempelwort bewahrt.

195 Nach dem ursprünglichen Text von Mt. 26, 60 sind die zwei, die dem Hohepriester das Wort mitteilen, keine falschen Zeugen; bei Lukas fehlt der Ausspruch.

196 Wie in Mt. 23, 34 und vielleicht Mt. 23, 37

197 Siehe Bultmann: «Geschichte», S. 126–127, Ergänzungsheft 1958, S. 17–18; D. Flusser: «Two Notes»

198 Siehe Anm. 194

199 Mt. 26, 17–20. Siehe Safrai, S. 133–134

200 Bei Lk. 22, 15: «bevor ich leide»

201 So nach einer wichtigen Handschrift

202 Es ist wahrscheinlicher, daß Jesus in beiden Aussprüchen gesagt hat: «in der kommenden Welt».

203 Vgl. Lk. 22, 15–19. Da endet der Text unter anderem nach der schon erwähnten (siehe Anm. 201) wichtigen Handschrift. Zur Sache siehe R. Otto: «Sünde und Unschuld», S. 96–122

204 Mk. 14, 27

205 Lk. 22, 34

206 In den Quellen: «daß ihr nicht in Versuchung kommt». Siehe J. Hering: «Zwei exegetische Probleme in der Perikope von Jesus in Gethsemane», Supplementum in NT VI, Brill 1962, S. 64–69
207 Josephus: «Altertümer» 20, 200–203
208 Mischna Sanhedrin 4, 1
209 Siehe Winter, S. 28. Lukas selbst hat offenbar gemeint, die Juden hätten Jesus zum Tode verurteilt (Apg. 13, 27).
210 Zu einem Erlaß des Antiochos III. an die Juden aus dem Jahre 198 v. Chr. wird «der Ältestenrat, die Priester, die Schriftgelehrten des Tempels und die Sänger des Heiligtums von der Kopfsteuer, der Abgabe für den Kranz und der Salzsteuer befreit» (Josephus: «Altertümer» 12, 142).
211 Mischna Sanhedrin 6, 5. Siehe Billerbeck I, S. 1049
212 Gittin 56 a
213 Kethuboth 66 b
214 Josephus: «Der jüdische Krieg» 2, 451
215 a. a. O. 2, 563
216 a. a. O. 4, 358
217 a. a. O. 4, 159
218 Darüber a. a. O. und weiter
219 Siehe D. Flusser: «Melchizedek»
220 Mt. 16, 14. Siehe auch R. Harris: «The Rest of the Words of Baruch», London 1889
221 Josephus: «Der jüdische Krieg» 2, 261–263; «Altertümer» 20, 169–172; Apg. 21, 38. Siehe Hengel, S. 236–237
222 Die Nachricht ist historisch, wie Apg. 4, 25–28 beweist. Dort befindet sich eine typologische Erklärung von Ps. 2, 1–2 im Geiste der essenischen Kommentare, und die Teilnahme Herodis am Tode Jesu zusammen mit Pilatus wird dort erwähnt. Über dasselbe berichten auch der jüdisch-christliche Text bei Pinès, S. 55–56 und das apokrypte Evangelium Petri.
223 Über Pilatus siehe Schürer I, S. 488–492. In einer Schrift des jüdischen Philosophen Philon von Alexandrien («Legatio ad Gaium», 299–305) ist ein Brief des jüdischen Königs Agrippa an den Kaiser Caligula erhalten, den vermutlich Philon für den König entworfen hat. Dort wird über Pilatus gesagt, daß er «von Natur unbeugsam, eigenwillig und hart war» und als Missetaten seiner Verwaltung werden genannt: «Bestechung, Gewalttat, Räuberei, Mißhandlung, Beleidigung, forwährende Hinrichtungen ohne Urteilsspruch und seine endlosen und unerträglichen Grausamkeiten» (302). Vielleicht ist die Zahl der Missetaten in dem Lasterkatalog nicht zufällig sieben.
224 Siehe Safrai: «Pilgrimage», S. 159
225 a. a. O. S. 159–160
226 Diese wichtige Nachricht bei Johannes wird allgemein übersehen. Die Hohepriester und ihre Knechte waren also damals die organisierte «Volkswut». Nach dem alten Bericht erklang der Ruf «Kreuzige!» zweimal (Mk. 15, 13 und 14). Das ist an sich möglich. Daß die einzelnen Evangelien den Ruf gesteigert haben, kann ein jeder selbst nachprüfen.

Die Tatsache, daß das vermutliche «Deicidium» zu einem konkreten «homicidium» geführt hat, gehört späteren Zeiten an.

227 Siehe Anm. 223

228 Fr. Kafka: «Der Prozeß» (letzte Seite)

229 «Marin» ist eine andere aramäische Form des «Maran» (1. Kor. 16, 22), was bekanntlich «der Herr» bedeutet.

230 Philo: «In Flaccum», 36–39. Siehe Philon von Alexandrien: «Von den Machterweisen Gottes», S. 16–17

231 Der Text in «Corpus Papyrorum Judaicarum», Bd. II, ed. V. A. Tcherikover and A. Fuks, Harvard University Press 1960, S. 61–62

232 Paulus, sent. 5, 22, 1 = dig. 48, 19, 38 § 2. Siehe Betz, S. 56–57, 83; Hengel, S. 33–34

233 Cyrene war damals ein wichtiges jüdisches Zentrum. Der Name Simon und der seiner Söhne Alexander und Rufus waren unter den Juden besonders verbreitet. Simon entspricht dem hebräischen Schimeon und Rufus dem biblischen Reuben. Siehe «Corpus Papyrorum Judaicarum», ed. V. A. Tcherikover and A. Fuks, Harvard University Press 1957, Bd. I, S. 29

234 Siehe Safrai: «Pilgrimage», S. 159

235 Mk. 15, 23. Siehe Billerbeck I, S. 1037–1038

236 Lk. 23, 34. Das Wort hat einen echten Klang, wurde aber seit dem 2. Jahrhundert von solchen Schreibern oft ausgelassen, die wußten, was sie damit getan haben.

237 Dies Psalmenwort (22, 2) wird in Markus 15, 34 und in Matthäus 27, 46 als das letzte Wort Jesu gebracht. Uns scheint es eher eine unfreundliche Interpretation des letzten Schreies Jesu durch die Umstehenden zu sein, wie die Erklärung, er rufe den Elia. Schon die «wahre» und «falsche» Interpretation zeigt, daß das Wort nicht gesichert ist.

ZEITTAFEL

330 v. Chr.	Alexander der Große erobert das Persische Reich und damit Palästina
3. Jh. v. Chr.	Palästina unter der Herrschaft der Ptolemäer von Ägypten
200 v. Chr.	Der Seleukide Antioches III. der Große von Syrien erobert Palästina
nach 200 v. Chr.	Der jüdische Hohepriester Schimeon der Gerechte
187–176 v. Chr.	Der syrische König Seleukos IV. Philopator. Jeschua ben Sira schreibt sein Weisheitsbuch
176 v. Chr.	Antiochos IV. Epiphanes
um 175 v. Chr.	Der Schriftgelehrte Antigonos aus Ssocho
175 v. Chr.	Beginn der Hellenisierung Jerusalems unter den Hohepriestern Jason und Menelaos
168 v. Chr.	Rom erobert Mazedonien. Weltherrschaft Roms begründet
167 v. Chr. (Ende)	Tempelschändung durch die Griechen. Beginn der Verfolgung des jüdischen Glaubens
166 v. Chr.	Erhebung des Priesters Mattathias
165 v. Chr.	Nach seinem Tod führt sein Sohn Judas der Makkabäer die Erhebung fort. Das Buch Daniel wird verfaßt
164 v. Chr. (Frühj.)	Ende der Verfolgung des jüdischen Glaubens
164 v. Chr. (Ende)	Judas erobert den Tempel Jerusalems. Tempelweihe
161 v. Chr.	Bündnis Judas' mit den Römern
160 v. Chr.	Judas der Makkabäer fällt. Sein Bruder Jonathan wird sein Nachfolger
152 v. Chr. (Herbst)	Jonathan wird Hohepriester
146 v. Chr.	Zerstörung Karthagos durch die Römer
142 v. Chr. (Ende)	Tod Jonathans. Sein Bruder Simon der Makkabäer wird sein Nachfolger
140 v. Chr.	Erklärung der jüdischen Selbständigkeit. Simon wird Herrscher der Juden
134 v. Chr.	Tod Simons
134–104 v. Chr.	Der Sohn Simons, Johannes Hyrkanos I., wird sein Nachfolger. Gegen Ende seiner Herrschaft verläßt er die Pharisäer und geht zu den Sadduzäern über. Die Essener
104–103 v. Chr.	Aristobulos I., Sohn des Hyrkanos, wird sein Nachfolger und ernennt sich zum König
103–76 v. Chr.	Alexander Jannai, der Bruder des Aristobulos, wird Hohepriester und König. Er verfolgt blutig die Pharisäer
76–67 v. Chr.	Seine Witwe Salome Alexandra wird Königin und macht die Pharisäer zur herrschenden Partei. Unterdrückung der Sadduzäer. Alexandras Sohn Hyrkanos II. ist Hohepriester

67 v. Chr.	Gegen Hyrkanos erhebt sich sein Bruder Aristobulos II. und macht sich nach dem Tod der Mutter zum Hohepriester und König. Beginn des Bürgerkrieges. Zu Hyrkanos halten die Pharisäer und zu Aristobulos die Sadduzäer
65 v. Chr. (Frühj.)	Aristobulos wird auf dem Tempelberg von Hyrkanos und seinen arabischen Bundesgenossen belagert. Honi der Kreiszieher wird getötet
64 v. Chr.	Der römische Feldherr Pompeius macht dem syrischen Reich der Seleukiden ein Ende
63 v. Chr.	Pompeius im Frühjahr in Damaskus. Er entscheidet zwischen den streitenden Brüdern für Hyrkanos, nimmt Aristobulos gefangen und erobert im Herbst Jerusalem. Judäa wird Vasallenfürstentum der Römer, dem Hyrkanos II. als Hohepriester vorsteht. In Rom: die Verschwörung Catilinas wird unterdrückt
47 v. Chr.	Der Idumäer Antipater, der Vater des Herodes, wird durch Caesar als Verwalter Judäas eingesetzt
44 v. Chr.	Caesar ermordet
43 v. Chr.	Antipater ermordet
40 v. Chr.	Hyrkanos II. wird von den Parthern gestürzt, die sein Neffe Antigonos anführt, und nach Babylon verbannt. 30 v. Chr. wird er dann durch Herodes hingerichtet
37 v. Chr.	Antigonos von den Römern besiegt und Herodes von Antonius als König von Judäa eingesetzt (37–4 v. Chr.)
31 v. Chr.	Sieg Oktavians (später Augustus) über Antonius bei Actium
31 v. Chr.–14 n. Chr.	Kaiser Augustus
um 20. v. Chr.–40. n. Chr.	Der jüdische Philosoph Philon von Alexandrien
um 20 v. Chr.	Die zwei großen pharisäischen Schriftgelehrten Hillel und Schammai
4 v. Chr.	Tod Herodes' des Großen. Aufteilung des Reiches unter seine Söhne: Archelaos, Ethnarch von Judäa, Samaria und Idumäa (4 v. Chr. – 6 n. Chr.); Herodes Antipas, Tetrarch von Galiläa und Peräa (4 v. Chr. – 39 n. Chr.); Philippos, der Gatte der Salome, Tetrarch des Nordostens (4 v. Chr. – 34 n. Chr.)
um 2 v. Chr.	Geburt Jesu
6 n. Chr.	Verbannung des Archelaos. Judäa unter römischen Statthaltern. Gründung der Bewegung der Zeloten (Eiferer) durch Judas den Galiläer
6–15 n. Chr.	Annas (Ananos) der Sadduzäer, Schwiegervater des Kaiaphas, ist Hohepriester
14–37 n. Chr.	Kaiser Tiberius
um 18–37 n. Chr.	Kaiaphas, der Schwiegersohn des Annas, ist Hohepriester. Er hat Jesus an Pilatus ausgeliefert
26–36 n. Chr.	Pontius Pilatus Statthalter in Judäa

28/29 n. Chr.	Auftreten des Johannes des Täufers. Taufe Jesu und Beginn seiner Wirksamkeit
30 n. Chr. (Ostern)	Kreuzigung Jesu
um 30 n. Chr.	Der Schriftgelehrte Gamaliel, der Lehrer Pauli
um 35 n. Chr.	Märtyrertod des Stephanos in Jerusalem
37–41 n. Chr.	Kaiser Gaius Caligula
um 37–100 n. Chr.	Der jüdische Historiker Josephus Flavius
39 n. Chr.	Absetzung des Herodes Antipas
41–44 n. Chr.	Agrippa I. König der Juden
41–54 n. Chr.	Kaiser Claudius
44 n. Chr.	Judäa wieder unter römischen Statthaltern
50–100 n. Chr.	Agrippa II. Ethnarch, seit 53 König über einen Teil des Nordens Palästinas
54–68 n. Chr.	Kaiser Nero
62 n. Chr.	Annas (Ananos) II., Sohn Annas' I. und Schwager des Kaiaphas, wird Hohepriester. Er läßt den Herrnbruder Jakobus hinrichten
64 n. Chr	Brand in Rom. Christenverfolgung. Hinrichtung Pauli und Petri in Rom
66 n. Chr.	Ausbruch des Aufstandes in Palästina
68–69 n. Chr.	Kaiser: Galba, Otho, Vitellius und schließlich Vespasian (69–79)
70 n. Chr.	Eroberung Jerusalems und Zerstörung des Tempels durch Titus, den Sohn Vespasians

Brief an die Hebräer

Daher mußte er in allen Stücken den Brüdern gleichgemacht werden, um ein barmherziger und getreuer Hohepriester zu werden, zu sühnen die Sünden des Volkes. Denn worin er selbst versucht ist und gelitten hat, kann er denen helfen, die in Versuchung stehen.

2,17–18

Immanuel Kant

Man kann nach dieser Beschreibung die Person nicht verfehlen, die zwar nicht als *Stifter* der von allen Satzungen reinen in aller Menschen Herz geschriebenen *Religion* (denn die ist nicht von willkürlichem Ursprunge), aber doch der ersten wahren Kirche verehrt werden kann ... Wenn darin Berufungen auf ältere (mosaische) Gesetzgebung und Vorbildung, als ob sie ihm zur Bestätigung dienen sollten, vorkommen, so sind diese nicht für die Wahrheit der gedachten Lehren selbst, sondern nur zur Introduction unter Leuten, die gänzlich und blind am Alten hiengen, gegeben worden.

Die Religion

Johann Wolfgang von Goethe

Jesus fühlte rein und dachte
Nur den Einen Gott im Stillen;
Wer ihn selbst zum Gotte machte,
Kränkte seinen heil'gen Willen.

West-östlicher Divan

Novalis

Die Geschichte Christi ist ebenso gewiß ein *Gedicht* wie eine Geschichte, und überhaupt ist nur *die* Geschichte Geschichte, die auch Fabel sein kann.

Georg Büchner

Es gibt nur Epikuräer, und zwar grobe und feine. Christus war der feinste.

Dantons Tod

Hermann Samuel Reimarus

Es ist in der Tat zu bedauern, daß Jesus nicht das Bekehrungswerk zu seinem einzigen Zweck und Geschäft gemacht hat, weil er so viel Erbauliches und Herrliches davon zu sagen wußte, und ohne Zweifel noch weit Mehreres in der Absicht hätte sagen können. Aber die Bekehrung war nur eine Vorbereitung zu seiner Hauptabsicht, ein Reich aufzurichten. Bei diesem Vorsatze leidet der große Charakter, den man ihm bei dem bloßen Bekehrungswerke hätte geben müssen, gewaltig.

D. F. Strauß: Hermann Samuel Reimarus. 1862

Sören Kierkegaard

Und somit ist es Unkenntlichkeit, und zwar die absolute Unkenntlichkeit; wenn man Gott und zugleich ein einzelner Mensch ist ... Er war wahrhaft Gott und darum *in dem Maße* Gott, daß er in der Unkenntlichkeit war, so daß nicht Fleisch und Blut, sondern genau das Gegenteil von Fleisch und Blut ihn dem Petrus zu erkennen gab.

Tomáš Garrigue Masaryk

Jesus überspannt nicht den Transzendentalismus, seine Religion ist nicht gerade für den Himmel, sie ist für die Erde bestimmt und für das tägliche, gewöhnliche Leben. Er hat nicht viel über die Anfänge und über das Ende der Welt gesprochen, er befaßte sich nicht mit der Geschichte wie das Alte Testament ... Die Religion Jesu zeigt sich in der Sittlichkeit und in der Menschlichkeit, sie ist der Humanitismus sub specie aeternitatis.

K. Čapek, Gespräche mit T. G. M.

Friedrich Nietzsche

Man hätte zu bedauern, daß nicht ein Dostojewskij in der Nähe dieses interessanten *décadent* gelebt hat, ich meine, jemand, der gerade den ergreifenden Reiz einer solchen Mischung von Sublimem, Krankem und Kindlichem zu empfinden wußte.

Sigmund Freud

Sie [die Juden] ... mußten von der neuen Religionsgemeinschaft ... den Vorwurf hören, daß sie Gott gemordet haben. Unverkürzt würde dieser Vorwurf lauten: Sie wollen es nicht wahr haben, daß sie Gott gemordet haben, während wir es zugeben und von dieser Schuld gereinigt worden sind. Man sieht dann leicht ein, wieviel Wahrheit hinter diesem Vorwurf steckt. Warum es den Juden unmöglich gewesen ist, den Fortschritt mitzumachen, den das Bekenntnis zum Gottesmord bei aller Entstellung enthielt, wäre Gegenstand einer besonderen Untersuchung. Sie haben damit gewissermaßen eine tragische Schuld auf sich geladen; man hat sie dafür schwer büßen lassen.

Der Mann Moses (Ende)

Rudolf Steiner

Die Persönlichkeit des Jesus wurde fähig, in die eigene Seele aufzunehmen Christus, den Logos, so daß dieser in ihr Fleisch wurde. Seit dieser Aufnahme ist das «Ich» des Jesus von Nazareth der Christus und die äußere Persönlichkeit ist der Träger des Logos. Dieses Ereignis, daß das «Ich» des Jesus der Christus wird, ist durch die Johannes-Taufe dargestellt.

Albert Schweitzer

Darum ist der Jesus der modernen Theologie so merkwürdig unlebendig. In seiner eschatologischen Welt belassen ist er größer und wirkt, bei aller Fremdheit, elementarer und gewaltiger als der andere. Die Tat Jesu besteht darin, daß seine natürliche Sittlichkeit von der spätjüdischen Eschatologie Besitz ergreift und so dem Hoffen und Wollen einer ethischen Weltvorstellung in dem Vorstellungsmaterial seiner Zeit Ausdruck gibt.

Carl Gustav Jung

Die Realität des Bösen und dessen Unvereinbarkeit mit dem Guten reißen die Gegensätze auseinander und führen unerbittlich zur Kreuzigung und Suspension alles Lebendigen. Da die «anima naturaliter christiana» ist, so müßte diese Folge so unverweigerlich eintreten, wie sie im Leben Jesu eintrat: wir alle sollten «mit Christo gekreuzigt werden», d. h. in einem moralischen Leiden, das der wahrhaftigen Kreuzigung entspricht, suspendiert sein ... Diese Nachfolge Christi bedeutet, wenn im tiefsten Sinn verstanden, ein Leiden, welches weitaus den meisten unerträglich ist.

Martin Buber

Jesus habe ich von Jugend auf als meinen großen Bruder empfunden ... Mein eigenes brüderlich aufgeschlossenes Verhältnis zu ihm ist immer stärker und reiner geworden, und ich sehe ihn heute mit stärkerem und reinerem Blick als je. Gewisser als je ist es mir, daß ihm ein großer Platz in der Glaubensgeschichte Israels zukommt und daß dieser Platz durch keine üblichen Kategorien umschrieben werden kann.

Oswald Spengler

Hier gibt es keine Philosophie. Seine Aussprüche, von denen manche den Gefährten noch im hohen Alter Wort für Wort im Gedächtnis hafteten, sind die eines Kindes mitten in einer fremden, späten und kranken Welt. Es gibt keine sozialen Betrachtungen, keine Probleme, keine Grübelei ... Er besaß die reine und unverfälschte Seele des stadtlosen Landes.

BIBLIOGRAPHIE

1. Zeitgeschichte und altjüdisches Schrifttum

W. Bacher: Die Agada der Tannaiten. Straßburg: I, 1903; II, 1890

H. L. Strack und J. Billerbeck (zit.: Billerbeck): Kommentar zum Neuen Testament aus Talmud und Midrasch. München 1922–1961

B. Gerhardsson: Memory and Manuscript[2]. Uppsala 1964

M. Hengel: Die Zeloten, Institutum Judaicum Tübingen. Leiden 1961

J. Jeremias: Jerusalem zur Zeit Jesu[3]. Göttingen 1962

Josephus Flavius: Jüdische Altertümer. Übers. von H. Clementz. Berlin–Wien 1923

Der jüdische Krieg. Hg. O. Michel und O. Bauernfeind. Darmstadt: Bd. I, 1959; Bd. II, 1963, Bd. II, 2, 1969; Bd. III, 1969

E. Kautzsch: Die Apokryphen und Pseudepigraphen des Alten Testaments. Tübingen 1900

Kontexte, Bd. III: Die Zeit Jesu. Stuttgart–Berlin 1966

D. Hanns Lilje: Die Lehre der zwölf Apostel. Hamburg 1955

J. Liver: The House of David ... to the Fall of the Second Commonwealth and after. Jerusalem 1959 [hebräisch]

E. Lohse: Die Texte aus Qumran, hebräisch und deutsch. Darmstadt 1964

J. Maier: Die Texte vom Toten Meer. München–Basel 1960

R. Mayer: Der Babylonische Talmud. München 1963

S. Mowinkel: He That Cometh. Oxford 1956

Philon von Alexandrien: Von den Machterweisen Gottes. Übers., bearbeitet und eingel. von Hans Lewy. Berlin 1935

P. Riessler: Altjüdisches Schrifttum außerhalb der Bibel. Augsburg 1928

S. Safrai: Pilgrimage at the Time of the Second Temple. Tel Aviv 1965 [hebräisch]

K. Schlesinger: Die Gesetzeslehrer. Berlin 1934

K. Schubert: Die Gemeinde vom Toten Meer. München 1958

E. Schürer: Geschichte des jüdischen Volkes im Zeitalter Jesu. Leipzig: Bd. I, 1901; Bd. II, 1907; Bd. III, 1909

E. Sjöberg: Der Menschensohn in dem äthiopischen Henochbuch. Lund 1946

P. Volz: Die Eschatologie der jüdischen Gemeinde im neutestamentlichen Zeitalter. Tübingen 1934

2. Die Evangelien

A. J. Bellinzoni: The Sayings of Jesus in the Writings of Justin Martyr. In: Nov. Test. Spl. XVII, 1967

Raymond E. Brown: The Gospel According to John, I–XII. The Anchor Bible. New York 1966; XIII–XXI, 1970

R. Bultmann: Die Geschichte der synoptischen Tradition. Göttingen 1957

W. Bussmann: Synoptische Studien. Bd. I–III. Halle 1925–1931

H. Conzelmann: Die Mitte der Zeit. Studien zur Theologie des Lukas 5. Tübingen 1964

Vom Geld ist die Rede, von wem noch?

 Armut würdig zu tragen ...

. . . ist ein Zeichen von Selbstzucht. Diese These stammt, wie könnte es anders sein, von einem reichen Mann, der seinerseits aus einer Stadt stammte, deren Bewohner als geistig beschränkt galten. Wenigstens für zwei heute noch bekannte Söhne dieser Stadt konnte das Pauschalurteil nicht gelten; beide waren Wissenschaftler und Philosophen. Von einem der beiden ist hier die Rede. Sein genaues Geburtsjahr ist unbekannt; der Vater hieß Damasipp, er soll (man muß das Modalverb wählen, weil vieles aus dem Lebenslauf Legende ist) einst einen Perserkönig bewirtet haben, was auf großen Reichtum schließen läßt. Als Damasipp starb, erbte der Sohn das Vermögen, das ihn in die Lage versetzte, ausgedehnte Bildungsreisen zu machen, nach Ägypten, nach Persien, ja sogar bis nach Indien soll er gekommen sein. «Ich habe unter allen zu meiner Zeit lebenden Menschen die meisten Länder durchstreift», schrieb er stolz.

Sein wissenschaftliches Œuvre umfaßt – nach dem Zeugnis eines Beinahzeitgenossen – 72 Werke, von denen jedoch nur noch Fragmente erhalten sind. Oft ist darin von Geld die Rede; so schrieb der reiche Erbe zum Beispiel (und es klingt fast wie ein Tadel an den Vater): «Das allzu starke Geldanhäufen für die Kinder ist ein Vorwand der Habgier, die damit ihr eigentliches Wesen enthüllt.» Oder: «Wenn Geldgier nicht im Genughaben ihre Grenze findet, ist sie viel schlimmer als äußerste Armut.» Er, der die Segnungen des Wohlstands wohl kannte, räumte ein: «Geld zu erwerben ist nicht unnützlich, auf ungerechte Weise aber ist es schlechter als alles.»

Der wohlhabende Mann, den die Legende später zum «lachenden Philosophen» simplifizierte, wurde steinalt, ehe er aus dem Leben schied; manche setzen sein Alter auf 90, einige sogar auf 110 Jahre an.

Wer war's? (Alphabetische Lösung: 4–5–13–15–11–18–9–20)

M. DIBELIUS: Die Formgeschichte des Evangeliums⁴. Tübingen 1961
C. H. DODD: Historical Tradition in the Fourth Gospel. Cambridge 1963
W. F. FARMER: The Synoptic Problem. New York 1964
A. VON HARNACK: Sprüche und Reden Jesu. Die zweite Quelle des Matthäus und Lukas. Leipzig 1907
E. HENNECKE und W. SCHNEEMELCHER: Neutestamentliche Apokryphen. Tübingen: Bd. I, 1959, Bd. II, 1964
E. HOSKYNS und N. DAVEY: Das Rätsel des Neuen Testaments. München 1957
R. HUMMEL: Die Auseinandersetzung zwischen Kirche und Judentum im Matthäusevangelium[2]. München 1966
J. JEREMIAS: Unbekannte Jesusworte. Gütersloh 1963
G. D. KILPATRICK: The Origins of the Gospel according to St. Matthew[2]. Oxford 1950
E. KLOSTERMANN: Das Markusevangelium, HNT[4]. Tübingen 1950
Das Matthäusevangelium, HNT[2]. Tübingen 1927
Das Lukasevangelium, HNT[2]. Tübingen 1929
R. L. LINDSEY: A Modified Two-Document Theory of the Synoptic ... Interdependence. In: Novum Testamentum, Bd. VI, 1963, S. 239–263
E. LOHMEYER: Das Evangelium des Markus. Göttingen 1963
Das Evangelium des Matthäus. Göttingen 1962
WILLI MARXSEN: Der Evangelist Markus[2]. Göttingen 1959
A. RESCH: Agrapha. Darmstadt 1967
A. SCHLATTER: Der Evangelist Matthäus[5]. Stuttgart 1959
Das Evangelium des Lukas[2]. Stuttgart 1960
K. L. SCHMIDT: Der Rahmen der Geschichte Jesu. Berlin 1919 – Neudruck: Darmstadt 1964
KR. STENDAHL: The School of St. Matthew. Uppsala 1954
G. STRECKER: Der Weg der Gerechtigkeit. Untersuchung zur Theologie des Matthäus. Göttingen 1966
A. SUHL: Die Funktion der alttestamentlichen Zitate und Anspielungen im Markusevangelium. Gütersloh 1965
V. TAYLOR: The Gospel According to St. Mark. London 1957
L. VAGANAY: Le problème synoptique. Paris 1954

3. Jesus

LEO BAECK: Paulus, die Pharisäer und das Neue Testament, S. 99–196: Das Evangelium als Urkunde der jüdischen Glaubensgeschichte. Frankfurt a. M. 1961
W. BAUER: Das Leben Jesu im Zeitalter der neutestamentlichen Apokryphen. Tübingen 1909 – Neudruck: Darmstadt 1967
SCH. BEN CHORIN: Bruder Jesus. Der Nazarener in jüdischer Sicht. München 1967
V. BETZ: Was wissen wir von Jesus. Stuttgart–Berlin 1965
J. BLINZLER: Die Brüder und Schwestern Jesu. Stuttgart 1967
Der Prozeß Jesu. Regensburg 1955

G. Bornkamm: Jesus von Nazareth. Stuttgart 1965
S. G. F. Brandon: The Trial of Jesus of Nazareth. London 1968
W. H. Brownlee: John the Baptist in the New Light of Ancient Scrolls. In: The Scrolls an the New Testament, ed. Kr. Stendhal. New York 1957. S. 33 f
R. Bultmann: Jesus. Hamburg 1967
Joel Carmichael: Leben und Tod des Jesus von Nazareth. München 1966
G. Dalman: Jesus-Jeschua. Leipzig 1922
Orte und Wege Jesu. Gütersloh 1924
Die Worte Jesu. Leipzig 1930
W. D. Davies: The Setting of the Sermon on the Mount. Cambridge 1964
M. Dibelius: Jesus. Berlin 1949
C. H. Dodd: The Parables of the Kingdom. Glasgow 1961
A. Finkel: The Pharisees and the Teacher of Nazareth. Leiden 1964
D. Flusser: The Baptism of John and the Dead Sea Sect. In: Essays on the Dead Sea Scrolls. Jerusalem 1961. S. 209–239 [hebräisch]
Blessed are the Poor in Spirit. In: Israel Exploration Journal 1960, S. 1–12
Die konsequente Philologie und die Worte Jesu. In: Almanach für das Jahr des Herrn 1963. Hamburg 1963
Qumran und die Zwölf. In: Initiation. Leiden 1965. S. 134–146
F. Hahn: Christologische Hoheitstitel. Göttingen 1964
Morna D. Hooker: Jesus and the Servant. London 1959
B. M. F. van Iersel: Der Sohn (Nov. Test. Suppl. III). Leiden 1961
J. Jeremias: Die Gleichnisse Jesu. Göttingen 1962
Jesu Verheißung für die Völker. Stuttgart 1956
A. Jülicher: Die Gleichnisse Jesu. Tübingen 1910 – Neuausg.: Darmstadt 1963
E. Käsemann: Das Problem des historischen Jesus. In: Exegetische Versuche und Besinnungen. Gesammelte Aufsätze. Bd. I. S. 187–214. Göttingen 1960
Carl H. Kraeling: John the Baptist. New York 1951
W. G. Kümmel: Verheißung und Erfüllung. Zürich 1956
Xavier Léon-Dufour: Les évangiles et l'histoire de Jésus. Paris 1963
E. Lohmeyer: Das Urchristentum. Johannes der Täufer. Göttingen 1932
R. Otto: Reich Gottes und Menschensohn[3]. 1954
Hugh J. Schonfield: The Passover Plot. London 1966
A. Schweitzer: Geschichte der Leben-Jesu-Forschung[6]. Tübingen 1951
E. Stauffer: Jesus, Gestalt und Geschichte. Bern 1957
Jean Steinmann: Johannes der Täufer. Hamburg 1960 (rowohlts monographien. 39)
H. E. Tödt: Der Menschensohn in der synoptischen Überlieferung. Gütersloh 1959
Paul Winter: On the Trial of Jesus. Berlin 1961
W. Wrede: Das Messiasgeheimnis in den Evangelien[3]. Göttingen 1963

4. Neues Testament

Antijudaismus im Neuen Testament? Exegetische und systematische Beiträge. Hg. von W. P. ECKERT, N. P. LEVINSON und MARTIN STÖHR. München 1967

MARTIN BUBER: Zwei Glaubensweisen. Zürich 1950

R. BULTMANN: Die Theologie des Neuen Testaments. Tübingen 1958

MARC-ALAIN CHEVALLIER: L'Esprit et le Messie dans le Bas-Judaisme et le Nouveau Testament. Paris 1958

D. DAUBE: The New Testament and Rabbinic Judaism. London 1956

J. W. DOEVE: Jewish Hermeneutics in the Synoptic Gospels and Acts. Te Assen 1953

FEINE–BEHM–KÜMMEL: Einleitung in das Neue Testament[13]. Heidelberg 1964

D. FLUSSER: The Dead Sea Sect and Pre-Pauline Christianity. In: Aspects of the Dead Sea Scrolls, Scripta Hierosolymitana IV. Jerusalem 1958. S. 215–266

Melchizedek and the Son of Man. In: Christian News from Israel 1966, S. 23–29

A New Sensitivity in Judaism and the Christian Message. In: Harvard Theological Review 61 (1968), S. 107–127

Two Notes on the Midrash on 2 Sam. VII, 1. The Temple not Made with Hands in the Qumran Doctrine. In: Israel Exploration Journal 1959, S. 99–104

L. GOPPELT: Christentum und Judentum im ersten und zweiten Jahrhundert. Gütersloh 1954

E. HAENCHEN: Die Apostelgeschichte[2]. Göttingen 1959

A. VON HARNACK: Die Mission und Ausbreitung des Christentums. Leipzig 1924

J. JEREMIAS: Abba. Studien zur neutestamentlichen Theologie und Zeitgeschichte. Göttingen 1966

M. DE JONGE und A. S. VAN DER WOUDE: 11Q Melchizedek and the New Testament. In: New Testament Studies 1966, S. 301–326

E. LOHSE: Märtyrer und Gottesknecht. Göttingen 1955

E. MEYER: Ursprung und Anfänge des Christentums. Stuttgart–Berlin 1921–1924

ST. NEILL: The Interpretation of the New Testament, 1861–1961. Oxford 1966

R. OTTO: Sünde und Urschuld. München 1932

S. PINÈS: The Jewish Christians of the Early Centuries of Christianity According to a New Source. In: The Israel Academy of Sciences and Humanities Proceedings. Bd. II, Nr. 13. Jerusalem 1966

PH. VIELHAUER: Aufsätze zum Neuen Testament. München 1965

NAMENREGISTER

Die kursiv gesetzten Zahlen bezeichnen die Abbildungen

QUELLENNACHWEIS DER ABBILDUNGEN

Department of Antiquies and Museums, Ministry of Education and Culture. State of Israel: 6, 46, 51, 57, 58/59, 62/63, 75, 82, 95, 102/103, 119, 130 / Views of the Biblical World 5. The New Testament. International Publishing Company, Jerusalem: 7 / Photo Orith, Jerusalem: 9, 12, 14, 15, 18, 20/21, 33, 34/35, 36, 48, 74, 80 links und rechts, 92/93, 128, 132 / Alfred Bernheim, Jerusalem: 19, 42, 50, 52, 54, 61, 84 oben und unten, 90, 108, 109, 110, 112, 118, 121 / Rowohlt-Archiv: 25, 29, 30, 32, 99, 126, 127, Umschlagvorderseite / H. Roger-Viollet, Paris: 26/27, 100/101 / Aus: THE DEAD SEA ROLLS of St. Mark's monastery. Volume I, The Jesaja Manuscript and the Habakkuk Commentary Ed. Miller burraus. Published by the American School of Oriental Research. New Haven 1950. Plate XLIX (Js. I. IX = 17 – I. XI 4): 39, Umschlagrückseite / Archäologische Abteilung der Hebräischen Universität Jerusalem: 66, 77, 78, 107, 111 / Historia Photo, Bad Sachsa: 85 / Friedrich Wilhelm Kantzenbach, Kehl: 87 / Foto Sheridan: 104/105, 106, 114, 116, 123, 129, 131 / Alliance Israelite Universelle: 113

MARX / Werner Blumenberg [76]
NIETZSCHE / Ivo Frenzel [115]
PASCAL / Albert Béguin [26]
PLATON / Gottfried Martin [150]
ROUSSEAU / Georg Holmsten [191]
SCHLEIERMACHER / Friedrich Wilhelm Kantzenbach [126]
SCHOPENHAUER / Walter Abendroth [133]
SOKRATES / Gottfried Martin [128]
SPINOZA / Theun de Vries [171]
RUDOLF STEINER / J. Hemleben [79]
VOLTAIRE / Georg Holmsten [173]
SIMONE WEIL / A. Krogmann [166]

RELIGION

SRI AUROBINDO / Otto Wolff [121]
KARL BARTH / Karl Kupisch [174]
JAKOB BÖHME / Gerhard Wehr [179]
MARTIN BUBER / Gerhard Wehr [147]
BUDDHA / Maurice Percheron [12]
EVANGELIST JOHANNES / Johannes Hemleben [194]
FRANZ VON ASSISI / Ivan Gobry [16]
JESUS / David Flusser [140]
LUTHER / Hanns Lilje [98]
MÜNTZER / Gerhard Wehr [188]
PAULUS / Claude Tresmontant [23]
TEILHARD DE CHARDIN / Johannes Hemleben [116]

GESCHICHTE

ALEXANDER DER GROSSE / Gerhard Wirth [203]
BEBEL / Helmut Hirsch [196]
BISMARCK / Wilhelm Mommsen [122]
CAESAR / Hans Oppermann [135]
FRIEDRICH II. / Georg Holmsten [159]
CHE GUEVARA / Elmar May [207]
GUTENBERG / Helmut Presser [134]
HO TSCHI MINH / Reinhold Neumann-Hoditz [182]
W. VON HUMBOLDT / Peter Berglar [161]
KARL DER GROSSE / Wolfgang Braunfels [187]
LENIN / Hermann Weber [168]
LUXEMBURG / Helmut Hirsch [158]
MAO TSE-TUNG / Tilemann Grimm [141]
NAPOLEON / André Maurois [112]
RATHENAU / Harry Wilde [180]
SCHUMACHER / H. G. Ritzel [184]
TITO / Gottfried Prunkl u. Axel Rühle [199]
TROTZKI / Harry Wilde [157]

PÄDAGOGIK

PESTALOZZI / Max Liedtke [138]

NATURWISSENSCHAFT

DARWIN / Johannes Hemleben [137]
EINSTEIN / Johannes Wickert [162]
GALILEI / Johannes Hemleben [156]
OTTO HAHN / Ernst H. Berninger [204]
A. VON HUMBOLDT / Adolf Meyer-Abich [131]
KEPLER / Johannes Hemleben [183]
MAX PLANCK / Armin Hermann [198]

MEDIZIN

ALFRED ADLER / Josef Rattner [189]
FREUD / Octave Mannoni [178]
C. G. JUNG / Gerhard Wehr [152]
PARACELSUS / Ernst Kaiser [149]

KUNST

DÜRER / Franz Winzinger [177]
MAX ERNST / Lothar Fischer [151]
KLEE / Carola Giedion-Welcker [52]
LEONARDO DA VINCI / Kenneth Clark [153]
PICASSO / Wilfried Wiegand [205]

MUSIK

BACH / Luc-André Marcel [83]
BARTÓK / Everett Helm [107]
BEETHOVEN / F. Zobeley [103]
BRAHMS / Hans A. Neunzig [197]
BRUCKNER / Karl Grebe [190]
CHOPIN / Camille Bourniquel [25]
HÄNDEL / Richard Friedenthal [36]
LISZT / Everett Helm [185]
MAHLER / Wolfgang Schreiber [181]
MOZART / Aloys Greither [77]
OFFENBACH / Walter Jacob [155]
REGER / Helmut Wirth [206]
SCHÖNBERG / Eberhard Freitag [202]
SCHUMANN / André Boucourechliev [6]
R. STRAUSS / Walter Deppisch [146]
TELEMANN / Karl Grebe [170]
VERDI / Hans Kühner [64]
WAGNER / Hans Mayer [29]